그 사이에
동시가 있다

어른들을 위한 동시 읽기

이도환
동시 평론집

그 사이에 동시가 있다
―――――――――――――――――
초판 1쇄 발행 2024년 1월 25일
―――――――――――――――――

지은이 이도환
펴낸이 강인석
출판등록 도서출판 소야
등록번호 제2020-000004호
기획·제작 보란듯이 * 도서출판 소야는 보란듯이에서 출판 등록한 출판사입니다.
주 소 경기도 구리시 건원대로 42 삼원골드프라자 503호(인창동)
전 화 031-522-6706
팩 스 02-6455-6607
이메일 nerval73@hanmail.net
홈페이지 cafe.naver.com/soyabook
편집디자인 박혜옥

ISBN 978-89-94706-96-2 [93800]
가 격 17,000원

ⓒ 2024 이도환
* 잘못된 책은 바꾸어 드립니다.
* 이 출판물은 저작권법에 의해 보호를 받는 저작물이므로 무단전재와 무단 복제를 할 수 없습니다.

이도환 동시 평론집

어른들을 위한 동시 읽기

그 사이에 동시가 있다

도서출판 소야

| 서문 |

'동시'는
구체적인 사물이 아니라
추상적인 개념이다

　'동시(童詩)'를 바라보는 사람들의 시선은 매우 좁다. 또한 실제 모습을 있는 그대로 보고 있지도 않다. 현상을 파악해 생각을 정리하는 게 아니라 기존에 혹은 예전에 갖고 있던 생각을 가지고 현재의 모습을 재단하고 있다. 게다가 명료하지 않고 어슴푸레하다.

　어린이를 뜻하는 '동(童)'에 '시(詩)'가 결합된 '동시(童詩)'를 한자어가 아닌 순수 우리말로 표현하면 무엇이 될까? 혹자는 '어린이를 위한 시'라고 말하기도 하고 '동심의 세계를 표현한 시'라고 말하는 사람도 있다. 물론 '어린이가 지은 시'라고 설명하는 사람도 있다. 그렇다면 무엇이 현재의 실상과 가까운 것일까.

　'동시(童詩)'는 구체적인 사물이 아니라 추상적인 개념이다. 구체적인 사물이 아닌 추상의 개념을 설명하는 단어는 시대에 따라 그 해석에 차이가 나타나게 된다.

해와 달은 구체적인 모습을 지니고 있지만 그와 더불어 추상적인 개념도 지니고 있다. 그런데 해와 달은 지구에서 바라보았을 때 그 크기의 차이를 가늠하기 어렵다. 그렇기에 해와 달은 동일한 사이즈와 동일한 무게로 사람들에게 다가왔다. 그러나 천문학이 발달하며 태양의 크기가 달의 400배에 달한다는 것을 알게 되었고 해와 달이 지닌 추상적인 개념도 이전과 달라졌다. 실상을 파악하는 것은 이처럼 매우 중요하다. 현재의 상황을 명확하고 정밀하게 파악하는 작업이 먼저 이루어져야만 개념 정립이 가능하다는 뜻이다.

사람은 어떠한가. 한 사람은 특정한 구체적인 생물체라고 할 수 있지만 모든 사람 전체를 하나의 개념으로 삼는 '사람'은 추상의 개념이 된다. 이러한 이해를 바탕으로 삼는다면 사람은 신(神)-반신반인(半神半人)-사람(人)-반인반수(半人半獸)-짐승(獸)이라는 개념에서 출발했다고 할 수 있다. 제일 상부에 신이 있고 신으로부터 권력을 위탁받은 권력자(반신반인)와 그 주변의 집단(사람)이 존재하고 여기에 포함되지 않는 하층민들은 반인반수나 짐승 취급을 받았다. 이후 지동설이 확인되고 다윈의 진화론이 퍼져나가며 모든 사람이 평등하다는 개념으로 나아갔고 이제는 사람도 짐승의 일부라는 시선까지 존재하기에 이르렀다.

문학적 개념도 마찬가지다. 최초에 성립된 개념과 이해는 시대의 변화에 따라 수정되어야 한다. 아동문학이 '어린이를 위한 문학'이나 '교육의

도구'에서 출발했으나 이제는 '어린이도 즐길 수 있는 문학'이라는 개념을 탑재하게 된 것을 인정해야 한다. 동시(童詩)도 다르지 않다.

과학은 구분과 분류를 통해 진화되어 오다가 이제는 통합과 융복합으로 방향을 바꾸었다. 문화도 마찬가지다. '나는 너와 다르다'라는 분류는 인종과 계급과 신분을 나누는 방향으로 진행되었지만 이제는 '나는 너와 다르지 않다'라는 통합과 융복합으로 진행되고 있다.

'동(童)'은 '어린이'에서 출발했으나 이제는 '모두가 공유하고 있는 경험'이라는 개념으로 정착되고 있으며 이를 콘텐츠 생산과 연결하면 '전 연령 시청 가능'을 뜻하는 'General Audiences' 혹은 'All Ages Admitted'에 도달한 상황이다.

그렇다면 현재 우리의 '동시(童詩)'는 어떠한가. 현재의 동시(童詩)는 어느 위치에 있는 것일까. 그 첫걸음은 동시 작품을 살피는 것이다. 동시 작품을 면밀히 살펴 그 위치가 어디쯤인지 생각해야 한다.

지난 2019년부터 2023년까지, 고정관념과 기존의 시선을 버리려고 노력하며 격월간 〈아동문예〉에 연재했던 글들을 모아보았다. 이러한 노력은 현재의 동시가 위치하고 있는 문화적 혹은 문학적 좌표를 파악하기 위함이다. 이미 동시는 바뀌었는데 우리의 시선이나 인식이 과거에 묶여 오독

(誤讀)하고 있지는 않은지, 혹은 그 반대의 경우는 아닌지 확인하는 작업이 필요하다고 생각했기 때문이다.

  책이 나오기까지 많은 분들의 도움이 있었다. 밤하늘의 달과 별이 구름에 가려 잘 보이지 않아 길을 잃을 위기에 처했을 때 무작정 걷지 않고 날이 밝기를 기다리라고 조언해준 선후배 동료들과 선생님들, 기다림에 지쳐 게을러지고 얇아진 종아리에 회초리를 날려준 척박한 현실, 그리고 햇볕이 뜨거워 비틀거릴 때 물을 주고 추울 때 외투가 되어 준 가족들에게 감사하다는 말을 남기고 싶다.

2024년 1월
이 도 환

| 목차 |

서문
'동시'는 구체적인 사물이 아니라 추상적인 개념이다 ◎ 004

1부
인심(人心), 도심(道心), 동심(童心) ◎ 013

천상(天上)에서 지상(地上)으로, 지상(地上)에서 천상(天上)으로 ◎ 015
정두리 동시집 『별에서 온 나무』(아침마중, 2019.6.)
윤이현 동시집 『동시버스를 타고 가요』(아동문예, 2019.7.)
김용웅 동시집 『손가락이 하는 말』(아동문예, 2019.7.)

일상(日常)에서 예술(藝術)로, 나비처럼 ◎ 022
박봄심 동시집 『새야 기저귀 차렴』(아동문예, 2019.10.)
진아난 동시집 『풍경소리가 땡그랑』(세계문예, 2019.9.)
이재순 동시집 『나비 도서관』(청개구리, 2019.8.)

인심(人心)과 도심(道心), 그리고 동심(童心) ◎ 029
박정식 동시집 『비디오 판독중』(아침마중, 2020.2.)
문영순 동시조집 『애벌레 엉덩이 춤』(아동문예, 2020.1.)
배정순 동시집 『강아지가 돌린 명함』(소야, 2019.10.)

서로 다른 세 가지 시선, 그러나 모두가 같은 곳을 바라보고 있었네 ◎ 038
최영재 동시집 『누가 보나 안 보나』(아침마중, 2019.1.)
이경덕 동시집 『딱따구리 집짓기』(아동문예, 2019.1.)
정혜진 동시집 『바람 배달부』(소야, 2018.12.)

사랑이란 서로 연결되는 것이다 ◎ 045
김영기 동시조집 『꽃잎 밥상』(아침마중, 2019.7.)
이오자 동시집 『까만 하트 오글오글』(소야, 2019.5.)
변정원 동시집 『달님 도장』(아동문예, 2019.4.)

어제와 오늘보다 내일이 더 궁금한, 두 시인 ◎ 051
신현득 동시집 『만세 100년에』(아침마중, 2019.11.)
김종상 동시집 『다람쥐의 수화』(아침마중, 2019.11.)

"집으로 잘 돌아왔어요, 어머니." ◎ 060
최영재 동시집 『마지막 가족 사진』(지경사, 2016.5.)
『우리 엄마』(아침마중, 2020.3.)

2부
천장부(賤丈夫)와 대장부(大丈夫) ◎ 069

어른과 아이, 세상과 나, 그 사이에 동시(童詩)가 있다 ◎ 071
이재순 동시집 『발을 잃어버린 신』(아동문예, 2020.7.)
한상순 동시집 『세상에서 제일 큰 키』(걸음, 2020.5.)

너의 눈으로 나를 보다 ◎ 078
김미혜 동시집 『꼬리를 내게 줘』(창비, 2021.10.)
신흥식 동시집 『서로가 꽃』(브로콜리숲, 2021.10.)

안으로부터 차오르다 ◎ 084
오순택 동시집 『풀꽃과 악기』(아침마중, 2020.10.)
김동억 동시집 『그림말』(아침마중, 2020.9.)
박태현 동시집 『내 몸에 들어온 딸꾹새』(아동문예, 2020.9.)

기억(記憶)하면 사라지지 않는다, 연대(連帶)하면 넘어지지 않는다 ◎ 091
고윤자 동시집 『배짱도 좋다』(아동문예, 2020.11.)
장진화 동시집 『느낌표 물고기』(소야, 2021.12.)

천장부(賤丈夫)와 대장부(大丈夫) ◎ 097
김성수 동시집 『초록빛 답장』(아동문예, 2022.5.)
전병호 동시조집 『수평선 먼 섬으로 나비가 팔랑팔랑』(도토리숲, 2022.5.)

멀리 갈수록 가까워진다 ◎ 104
박선미 동시집 『먹구름도 환하게』(아이들판, 2020.12.)
김성민 동시집 『고향에 계신 낙타께』(창비, 2021.1.)

지도와 나침반 ◎ 110
박혜선 동시집 『바람의 사춘기』(사계절, 2021.2.)
쪽배 동인 동시조집 『하늘빛 날갯짓으로 헤쳐나온 나달이여』(도담소리, 2021.4.)

3부
마이너스와 마이너스 ⊚ 117

호연지기(浩然之氣)를 길러주는 장작 패는 소리 ⊚ 119
김영기 동시조집 **『달팽이 우주통신』**(아침마중, 2021.7.)
최진 동시집 **『빗방울의 말』**(아동문학평론, 2021.4.)

묶어주고 같게 하는 마법의 세계 ⊚ 127
최영재 동시집 **『고맙지, 고맙지』**(아침마중, 2021.8.)
전병호 동시집 **『민들레 씨가 하는 말』**(스토링, 2020.6.)

사람은 무엇으로 사는가 ⊚ 133
박방희 동시집 **『달빵』**(초록달팽이, 2021.10.)
박해경 동시집 **『우끼가 배꼽 빠질라』**(책내음, 2021.8.)

장수(長壽)의 비결 ⊚ 140
이문석 동시집 **『줄은 기러기 줄』**(아침마중, 2021.10.)
김선영 동시집 **『토닥토닥 책 병원』**(소야, 2021.12.)

마이너스가 마이너스를 만났을 때 ⊚ 147
조하연 동시집 **『올백 아닌 올빵』**(소야, 2023.1.)
김금래 동시집 **『우주보다 큰 아이』**(국민서관, 2023.2.)

안 되는 줄 뻔히 알면서도 계속 ⊚ 155
김완기 동시집 **『들꽃 백화점』**(아침마중, 2022.5.)

땅과 바다에서 진정한 나를 찾다 ⊚ 161
박봄심 동시조집 **『그래도 봄』**(아동문예, 2022.9.)
김마리아 동시집 **『갯벌 운동장』**(상상, 2022.6.)

4부
너와 나, 억만 년 후 ◎ 167

계속 성장하면 내가 사라진다 ◎ 169
문삼석 동시집 『나는 솔잎』(아침마중, 2022.9.)
박승우 동시집 『힘내라 달팽이!』(상상, 2022.8.)

내가 기억하는 것의 총합이 바로 나다 ◎ 176
박예자 동시집 『엉덩이를 하늘로 올리고』(리잼, 2022.11.)
김재수 동시집 『열무꽃』(한솔, 2022.10.)

참여와 연대, 관심과 포옹…그 위험한 아름다움 ◎ 185
정나래 동시집 『뭐라고 했길래』(아동문예, 2022.8.)
문성란 동시집 『나비의 기도』(고래책빵, 2022.12.)

누가 눈보라 속에서 푸르른 송백(松柏)을 보았는가 ◎ 193
오순택 동시집 『달 도둑』(아침마중, 2023.6.)

시(詩)는 주장하는 게 아니라 발견하는 것이다 ◎ 201
손동연 동시집 『날마다 생일』(푸른책들, 2023.1.)

억만년이 지난 후 만나는 너와 나 ◎ 207
최영재 동시집 『피아노의 어금니』(아침마중, 2023.9)
하지혜 동시집 『소리끼리 달달달』(청개구리, 2023.2.)

1부

인심(人心), 도심(道心), 동심(童心)

그 사이에 동시가 있다

인심(人心), 도심(道心), 동심(童心)

천상(天上)에서 지상(地上)으로,
지상(地上)에서 천상(天上)으로

정두리 동시집 **『별에서 온 나무』**(아침마중, 2019.6.)
윤이현 동시집 **『동시버스를 타고 가요』**(아동문예, 2019.7.)
김용웅 동시집 **『손가락이 하는 말』**(아동문예, 2019.7.)

1.

인류의 역사를 '천상(天上)에서 지상(地上)으로'라고 표현하는 사람도 있다. 천상(天上)의 신(神)이 지상(地上)으로 내려오는 것을 그 시작으로 삼는 이야기들이 많기 때문이다. 대부분의 건국신화가 이런 구조를 지니고 있다. 성(聖)스러운 징조 - 천신(天神)의 하강(下降) - 왕의 등극과 국호 제정 - 혼인 - 직제 및 제도의 확립 등으로 이어지는 흐름은 그 어디나 비슷하다. 권력을 지닌 자들이 스스로를 성스러운 존재로 올리기 위한 수단으로 사용되었기 때문이다.

그러므로 인권(人權)을 지닌 사람은 소수에 불과했다. 그들은 반신반인(半神半人)으로 인식되었고 나머지 사람들은 인권(人權)을 지니지 못했다.

현존하는 인류 최초의 문자라고 알려져 있는 메소포타미아 문명의 설형문자(楔形文字), 일명 쐐기문자로 기록된 것을 살펴봐도 비슷하다. 물자(物資)의 입출기록을 제외하고 가장 먼저 나오는 스토리는 신(神)에게 올리는 보고서였다. 그 기록을 남긴 이유는 사람에게 읽히려고 한 것이 아니었다. 대상 독자는 신(神)이었다. 그 문서를 남긴 사람은 스스로 반신반인(半神半人)이라고 주장하는, 권력을 지닌 사람들이었다.

사람은 태생, 혈연, 성별, 인종, 나이, 부유함에 따라 차등되어 존엄을 인정받아야 했다. 그러나 시간이 흐를수록 반신반인(半神半人)의 범주는 점점 넓어지기 시작했다. 존엄을 인정받는 '사람의 범주'는 남성에서 시작하여 여성으로, 백인에서 시작하여 유색인종으로, 어른에서 시작하여 어린이까지, 이제는 생명을 지닌 모든 생물이 존엄을 인정받아야 하는 데까지 이르렀다.

문학은 어떠한가. 신(神)의 이야기에서 반신반인(半神半人)인 영웅의 이야기로, 다시 순수한 사람의 혈통을 지닌 영웅에서 일반인으로, 일반인을 넘어 어린이, 더 나아가 평균 이하의 무능한 사람이나 악인(惡人)까지, 그 범위는 무한확장되고 있다.

결국 누군가는 '서사는 타락(墮落) 중'이라고 말하기도 한다. 성스러운 신의 이야기에서 타락한 악인의 이야기로 움직인 변화의 궤적은 앞서 설명한 '천상(天上)에서 지상(地上)으로'라는 문장과 매우 잘 어울린다.

그러나 자세히 살펴보면 그것은 오히려 인류를 더 높고 숭고한 곳으로 이끈 것이 아닌가 하는 생각이 들기도 한다. '천상(天上)에서 지상(地上)으로' 움직인 것은 높은 곳에서 낮은 곳으로 떨어진 것이 아니라 '야만(野蠻)에서 문명(文明)으로' 상승시키는 결과를 가져왔기 때문이다.

2.

알고 있니?/소나무 숲 사이로/손수건만 한 하늘이 보이지만/하늘이 소나무를/큰 가슴으로 껴안고 있다는 걸

(정두리 「우리나라 사람이 좋아하는 - 소나무」 일부)

존엄을 인정받는 사람의 범주는 이제 태아(胎兒)를 넘어 난자(卵子)에게까지 이어지고 있다. 더 나아가 사람을 넘어 전체 생물로도 이어진다. 흔히 생태주의(生態主義)라고 말하기도 하지만 거창하게 무슨 주의(主義)를 붙일 필요도 없다. '하늘'이 '소나무'를 껴안고 있는 모습은 예전 권력자들이 스스로를 '반신반인(半神半人)'이라 하는 것과 같은 맥락으로 보이지 않는가. 모든 사람이 '반신반인(半神半人)'의 위치에 오른 것처럼, 모든 생물들, 나무도 마찬가지로 '반신반목(半神半木)'의 위치에 오른 것이라고 정두리 시인은 말하고 있는 것이다.

나무와 풀을 노래하고 있는 정두리의 동시집 『별에서 온 나무』는 인류 문명의 현주소를 대변하고 있다.

등나무 아래/모두 모여라/오늘만큼은 혼자이면 안 된다//등꽃 송이처럼/함께 모이자/금세 우리 얼굴은 보랏빛이 스미어/닮아져 있을 거다

(정두리 「보랏빛 등불 - 등나무」 일부)

등나무 아래에 모여 등꽃 송이를 닮아가는 것처럼, 시인은 신(神)과 사람과 나무와 풀이 하나가 되는 세상을 꿈꾼다.

자전거 타고 가는 길/경운기가 털털털 가는 길//그 길에서/우리를 기다리

던/파아란 하늘과 어울리는/키 큰 친구/미루나무.

(정두리 「길을 만든다 – 미루나무」 일부)

은방울과 눈을 마주치려면/내가 무릎을 꿇고 고개를 숙여야 해요/한껏 낮추어야 꽃을 볼 수 있어요

(정두리 「은방울꽃」 일부)

자전거와 경운기가 달리는 길에 파란하늘과 미루나무가 함께 어울릴 수 있는 이유는 무엇인가. '나는 만물의 영장인 사람이야!'라며 우기지 않기 때문이다. 어깨에 힘을 주고 세상의 모든 것들을 객체(客體)로 바라보지 않기 때문이다. 오히려 '무릎을 꿇고 고개를 숙여' 바라보기 때문이다. 정두리의 동시집 『별에서 온 나무』는 높이 오르기 위해 낮게 내려가는 우리의 모습을 보여주고 있다.

3.

나무는/알아듣나 봐/바람의 속삭임을

(윤이현 「바람과 나무」 일부)

봄볕이/선생님처럼 환한 웃음으로/"얘들아~"//새싹들 마냥 좋아라/"네, 네, 네에~"/다투어 고갤 내밀지요.

(윤이현 「봄뜰」 전문)

나무는 바람의 속삭임을 알아듣고, 새싹과 봄볕이 대화를 나누는 모습

을 보라. 특별한 모습이 아니다. 자신만의 방식을 고집하지 않으면 이루어지는 일상(日常)이다.

≪논어(論語)≫에 나오는 '자절사(子絶四)'가 떠오르지 않는가. "공자는 다음에 말하는 네 가지를 끊어서 없애버렸다(子絶四). 억지로 의도하지 않았고(毋意), 억지로 이루려고 노력하지 않았으며(毋必), 억지로 고집하지 않았고(毋固), 자기 자신만을 내세우지 않았다(毋我)."

고집하지 않으면 연결되고, 고집하지 않으면 소통이 가능하다는 것을 윤이현 시인을 말하고 있다.

이른 아침/눈이 살포시 내렸다/두 줄 발자국이 남았다//오순도순/두 친구 사이도 좋게/학교에 갔나 보다

(윤이현 「첫눈」 전문)

아침부터 왠 비가/이토록 쏟아지는 거냐고/투덜대지 마셔요.//우산 속 두 사람/도란도란 도란도란/너무 보기 좋은걸요.

(윤이현 「비 오는 날」 전문)

연결되어 소통할 수 있으면 무엇이든 가능하다. 눈이 내려 미끄러운 길도 즐거운 길이 된다. 같이 걸을 때 내리는 눈은 언제나 첫눈이다. 설렘과 기쁨이 함께 하기 때문이다. 비 오는 날도 마찬가지다.

우리 할머니는/"막둥아~"//우리 선생님은/"얘, 회장~"//내 공책에는/"윤덕훈"/

(윤이현 「내 이름은 셋」 전문)

특정한 '나'를 고집하지 않으니 매일 즐겁고 설렌다. 막둥이면 어떻고 회장이면 어떤가. 그들과 어울리는 과정 속에 내가 있음을 알기에, 그것이 진정한 '나'임을 알기에 고집할 필요가 없는 것이다.

윤이현의 동시집 『동시버스를 타고 가요』에는 '나'를 고집하지 않아 진정한 '나'를 찾아낸 '우리'의 모습이 담겨져 있다.

4.

빈 가지마다/기도하는/손으로//하얀/봄을/달고 있다.

(김용웅 「목련」 일부)

율곡은 '봄은 인(仁)이다'라고 말한다. "하늘이 내려준 바른 이치는 원형리정(元亨利貞)으로 구성되어 있다. 이것이 사람의 마음으로 들어오면 인의예지(仁義禮智)가 된다. '원(元)'은 사계절 중 봄에 해당한다. 따스하고 온화하여 새싹이 돋아납니다. 사람에게는 어질고 착한 마음, '인(仁)'이라고 할 수 있다. 따스한 마음으로 사람들을 감싸주기 때문이다." 율곡이 《성학집요(聖學輯要)》에서 설명한 것을 대입해본다면 빈 가지가 기도하는 손으로 봄을 달고 있는 이유를 짐작할 수 있다. 모두를 감싸주는 따스함, 바로 인(仁)의 마음을 추구하고 있기 때문이다.

간밤에/노란 단추//겨울 동안/잠겨 있던//돌담 귀퉁이에/달아 놓았네!//후 바람이/단추를 풀면//왈칵/쏟아질 것 같은//노오란/봄이

(김용웅 「민들레·1」 전문)

할머니/검은 머리카락에/어느새/하얀 민들레꽃이 피었네

(김용웅 「민들레·2」 일부)

잠겨 있던 것이 풀리면 인(仁)이 '왈칵' 쏟아져 나온다. 검은 머리카락이 하얗게 변하는 것은 쇠(衰)해지는 게 아니라 새로운 꽃으로 피어나는 것이다.

초록 이파리에/하얀/눈이 내린다//오월/햇살을 안고/하얀 눈이 내린다//(중략)//눈이 부신/하얀/봄이//자꾸자꾸만/나뭇가지마다/소복소복 쌓인다

(김용웅 「이팝나무·1」 일부)

바라보는 시선이 달라지면 상황도 바뀐다. 봄에도 눈이 내리고 쌓이기까지 한다. 어깨에 힘을 빼고 고집을 버리면 새로운 세상이 열린다.

그러나 지상(地上)에서의 깨우침이 바로 천상(天上)을 담보해주지는 않는다. 절차탁마(切磋琢磨)의 과정을 거쳐야 한다. 각(覺)은 불꽃처럼 이루어지지만 불꽃이 불로 이어지는 것은 아니다. 불꽃이 불처럼 타오르게 하려면 절차탁마(切磋琢磨)의 과정을 거쳐야 한다. 천상(天上)에서 지상(地上)으로 내려오는 것은 불꽃같은 각(覺)으로 충분하겠지만, 지상(地上)에서 천상(天上)으로 오르는 것에는 충분하지 않기 때문이다.

살펴본 3권의 동시집은 새로운 불꽃이다. 불꽃을 불로 살려내는 모습을 기대해본다.

일상(日常)에서 예술(藝術)로,
나비처럼

박봄심 동시집 **『새야 기저귀 차렴』**(아동문예, 2019.10.)
진아난 동시집 **『풍경소리가 땡그랑』**(세계문예, 2019.9.)
이재순 동시집 **『나비 도서관』**(청개구리, 2019.8.)

1.

 '시어(詩語)'는 '일상어(日常語)'와 무엇이 어떻게 다른가. 시(詩) 속에서 드러나는 일상(日常)과 실제 생활 속의 일상(日常) 사이에는 어떤 차이가 있는가.
 중국 송나라의 학자인 주희(朱熹)와 여조겸(呂祖謙)이 편집한 〈근사록(近思錄)〉은 선배 학자들의 글 가운데 중요한 것들을 추려 모은 책이다. 책의 제목인 〈근사록(近思錄)〉은 〈논어(論語)〉에 나오는 "절실하게 묻고 가까운 것부터 생각하면(切問而近思) 인(仁)은 그 가운데 있다."라는 글에서 가져온 것이다.

"〈근사록〉이 완성되자 어떤 사람은 책의 첫머리에서부터 음양(陰陽)의 변화(變化)와 성(性)과 명(命) 등에 대해 말하고 있기 때문에 처음 학문을 배우기 시작하는 사람에게 너무 어려운 게 아니냐고 말하기도 한다. 주희와 나도 이 책을 편집하면서 그런 생각을 했다. 그럼에도 불구하고 앞머리에 어려운 용어들을 그대로 실은 이유는 학문의 기초를 다지기 위해서는 어쩔 수 없이 거쳐야 하는 과정이라고 생각했기 때문이다. 처음 학문의 길로 접어들었기 때문에 그 정확한 의미를 모를 수도 있을 것이다. 그러나 어렵다고 피해갈 수 있는 문제도 아니다. 정면 돌파하지 않으면 안 된다. (중략) 첫 부분만 넘어서면, 그렇게 어렵지는 않을 것이다. 이 순서에 따라 배우면 낮은 곳에서 시작해서 높은 곳에 오르고, 가까운 곳에서 시작해서 먼 곳에 이르는 길을 알게 될 것이다. 낮고 가까운 곳을 무시하고 무작정 높고 먼 곳으로 달려가는 것은 불가능하다. 그리고 바른 이치도 아니다. 그렇게 하면 얻을 수 있는 게 아무 것도 없을 것이다. 독자들은 이 책의 제목이 왜 〈근사록〉인지 잘 생각해보기를 바란다."

여조겸은 〈근사록〉에 붙인 후기(後記)에서 이렇게 말하고 있다. 핵심은 무엇인가. 일상(日常) 속의 실천이 숭고(崇高)한 진리(眞理)에 도달하는 길이라는 뜻이다. '시어(詩語)'와 '일상어(日常語)'의 관계도 이러하지 않을까.

2.

0살 우리 아가는/온몸으로 먹는다.//눈으로도 먹고,/코로도 먹고,/가슴으로도 먹고,

(박봄심 「0살 우리 아가는」 일부)

집을 나선 후 버스 정류장에 도착했을 때, 문득 떠오르는 생각. '가스 밸브를 잠갔던가? 수도꼭지는? 전기 스위치는?'

왜 이런 일이 일어나는 것일까. 일상(日常)은 습관이기 때문이다. 의식하지 않고 습관적으로 행하는 것들이 대부분이다. 정신을 집중하고 진행하는 일은 손가락으로 꼽을 정도로 적은 게 사실이다. 일기에 쓸 내용이 없는 이유도 여기에 근거한다. 의식하지 않고 습관적으로 진행하는 일들은 아무리 움켜잡으려 해도 모래알처럼 손가락 사이로 흘러나가고 만다. 기억에 남지 않는 이유가 여기에 있다.

당연한 것, 특별할 것이 없는 것으로 치부되면 기억에서 사라지고 만다. 관심을 갖고 살펴보는 것은 일상을 예술로 승화시키는 첫 번째 단계라고 할 수 있다. 아기가 온몸으로 먹는 것을 잡아낸 이유가 여기에 있다. 관심을 갖고 살펴보았기 때문이다. 왜 관심을 갖게 되었는가. 사랑하기 때문이다. 사랑의 눈으로 바라보는 것, 그리고 그 이유를 절실하게 따져보는 것, 그것이 바로 〈논어〉에서 이야기한, "절실하게 묻고 가까운 것부터 생각하면(切問而近思) 인(仁)은 그 가운데 있다."라는 '근사(近思)'의 기본이다.

아기는 자기 발이/신기한가 봅니다./가만히 들여다보고/씨익 웃어요.//아기는 자기 발가락이/맛있나 봅니다./쭉쭉 쪽쪽/맛있게도 먹습니다.
(박봄심 「신기해」 전문)

대부분의 것들을 익숙하게 생각하는 어른들에게서는 발견할 수 없는 일이다. 고정관념에 사로잡힌 사람들에게는 상상도 하지 못할 일이다. 그러나 아기는 다르다. 고정관념에 사로잡히지 않았다. 발가락과 혀가 서로 다르지 않다.

여름이 간 것도/나는 몰랐다./가을이 온 것도/나는 몰랐다.//비 온 뒤 문득/
내 곁에 스며든 가을.

(박봄심 「미안했다」 일부)

주변에 있는 것들을 사랑하기 시작하면, 그래서 관심을 갖고 지켜보는 것이 익숙해지면, 이전에 그냥 스쳐지나간 것들이 확연하게 눈에 들어온다.

'일상(日常)'이 '예술(藝術)'로, '일상어(日常語)'가 '시어(詩語)'로 변화하는 변곡점은 어디에 있는가. 가까이에 있는 것을 무시하지 않고 깊게 생각하는 것(근사(近思)), 사랑의 눈으로 바라보는 것, 그리고 그것에 대해 절실하게 묻는 것(절문(切問))에 있다. 박봄심의 동시집 『새야 기저귀 차렴』이 우리에게 알려주는 첫 번째 계단이다.

3.

모기 많은 여름밤이/뒤척뒤척 지나면//큰스님 몸 곳곳엔/모기 물린 자국이/연꽃처럼 피어났다.//큰스님은/모기가 물어도/가만 계신다.//행여,/모기들이 다칠까봐/가만 계신다.//모기 많은 여름이면/큰스님 몸은/연꽃 연못이 된다.

(진아난 「연꽃 연못」 전문)

'너'와 '나' 사이에 관심과 사랑이 자리하면 그대로 멈추어 담장을 쌓는 것이 아니다. 둘 사이에 있는 관계의 그릇에 관심과 사랑이 차올라 흘러넘치는 순간이 온다. 흘러넘친 관심과 사랑은 어디로 가는가. '그'에게로 간다. '큰스님'에게로 가고, '모기'에게로 가고, '연꽃 연못'으로도 간다.

"자연의 이치를 찾기 위해 멀리 갈 필요는 없다. 이미 내 몸속에 자연의 이치가 함께 하고 있기 때문이다. 몸이 굽혀졌다가 펴지고, 숨을 들이마셨다가 내쉬는 모든 것이 서로 반대되는 것처럼 보이지만 실상은 서로 어우러져 생명을 유지하는 이치가 바로 그것이다. 피곤하면 잠을 자고 아침에 일어나지만, 심장은 쉬지 않고 움직이며 생명도 쉬지 않고 이어가는 것과 같은 이치다."

〈근사록〉에 실린 송나라의 학자 정호(程顥)의 말이다. 가까운 곳에서 시작했지만 먼 곳까지 이어지는 이유가 여기에 있다.

해질녘 큰스님이/뒷짐 지고 절 안을 살피신다.//동자승도 따라/뒷짐 지고 절 안을 둘러본다.//뒷짐 지고 살펴보니/곳곳에 깃든 평화가 잘 보인다.

(진아난 「뒷짐 지고」 일부)

동자승이 막대로/겨울 마당에/그림을 그린다.//마당에 드리워진/감나무 그림자 따라/그림을 그린다.//굵은 밑동/잔가지/까치밥도 그린다.//그림자는 막대가/쑥 파고 지나도/큰스님처럼/너그러이 봐준다.//절 마당엔 이제/아름다운/나무가 셋이다.

(진아난 「세 그루 나무」 전문)

'너'와 '나'의 관계에서 시작된 사랑의 물결은 해질녘 노을빛처럼 퍼져 나간다. 노을빛이 절 안을 비추면 큰스님도 절 안을 살피고 동자승도 절 안을 둘러본다. 노을빛이 살펴보는 마음이 큰스님과 동자승에게도 이어진다. 그렇게 끝없이 이어지니 겨울 마당에는 나무와 나무 그림자에 더해 동자승이 그린 나무까지, 세 그루의 나무가 만들어졌다.

진아난의 동시집 『풍경소리가 땡그랑』에는 '너'와 '나'에서 시작된 사랑의 물결이, 풍경소리처럼 멀리멀리 퍼져나가는 모습이 담겨져 있다.

4.

맨발로/자근자근/소리길 걷는데//발바닥이/간질간질/콧구멍이/간질간질//발바닥이/웃으니/온몸이 웃네

(이재순 「간질간질」 전문)

처마 끝/낙숫물 소리//똑!/똑!/똑!//시냇물/밟고 가면//찰방!/찰방!/찰방!//연못에/물수제비 뜨면//퐁!/퐁!/퐁!

(이재순 「물소리」 전문)

'일상어(日常語)'가 '시어(詩語)'를 낳았다. '일상(日常)'이 '예술(藝術)'을 낳았다. 그랬더니 이제는 '너'도 사라지고 '나'도 사라졌다. '그'도 사라졌다. 무엇이 남았나. '너'의 것도 아니고 '나'의 것도 아니며 '그'의 것도 아닌, 웃고 있는 '맨발'과 '발바닥'과 '콧구멍'이 남았다. 서로 다른 소리를 내는 '낙숫물'과 '시냇물'과 '연못'과 '물수제비'가 남았다. 움직임이 남았다.

시인이자 평론가인 프랑스의 발레리는 산문을 행진에, 시를 춤에 비유하기도 했다. 행진이 A에서 B로 옮겨가는 목표지향의 행위라면 춤은 그렇지 않다. 움직임 자체에 의미가 있다.

이를 일상과 예술, 혹은 일상어와 시어로 치환하면 어떨까. 일상이 예술로 변화한 것처럼, 일상어가 시어로 변화한 것처럼, 행진은 춤으로 변화한다. 화학적 변화의 근원에는 관심과 사랑이 존재한다.

소원이/하나씩 쌓인다//소원 위에 소원/또 소원//./././/맨 아래/소원//쌓인 소원들/모두 받들고 있다

(이재순 「돌탑」 전문)

사람들 눈길이/뜸한 사이//매화꽃 지고/배꽃 지고/사과꽃 지고//매실 열리고/배 열리고/사과 열리고

(이재순 「시간의 발자국」 일부)

일상이 쌓여 예술이 된다. 쌓인 소원들을 맨 아래 소원이 받들고 있는 것처럼, 시어는 일상어가 받들고 있어야 한다. 다른 사람들이 무심코 지나치는 순간, 시인은 무심코 지나치지 못하고 매달린다. 여린 감수성으로 인해 일상에서는 시들어 떨어지거나(flowers fall) 지기도 한다(敗北, lose). 그러나 같은 이유로 열매를 맺거나(yield fruit) 혹은 활짝 열린다(open).

이재순의 동시집 『나비 도서관』은 행진을 춤으로 변화시키는 힘을 지니고 있다. 나비는 직선으로 날지 않는다. 지그재그로 곡예비행을 한다. 직선으로 비행하는 새들은 나비의 불규칙한 비행으로 인해 목표 지점을 예상하지 못한다. 그들은 나비를 잡아먹지 못한다.

인심(人心)과 도심(道心), 그리고 동심(童心)

박정식 동시집 『비디오 판독중』(아침마중, 2020.2.)
문영순 동시조집 『애벌레 엉덩이 춤』(아동문예, 2020.1.)
배정순 동시집 『강아지가 돌린 명함』(소야, 2019.10.)

1.

중국 송나라의 철학자 주희(朱熹)는 이전까지 이어져 내려오던 유학(儒學)을 새롭게 해석하고 통합하여 새로운 장을 열었다. 그렇기에 그가 내세운 학문을 이전과는 다르게 신유학(新儒學) 혹은 성리학(性理學)이라 부르기도 한다. 그는 이전까지 유학의 대척점이라고 생각했던 불교와 도교의 장점을 가져와 통합적인 사상체계를 만들었다. 이전의 유학이 실천윤리에 몰입했다면 주희는 여기에 형이상학적인 이론을 기반으로 철학적 사유체계를 제시했다.

"사람의 마음은 하나일 뿐이다. 그런데 왜 순(舜)임금은 '사사로운 마음(인심, 人心)은 위태롭고 올바른 마음(도심, 道心)은 점점 희미해지니 정밀하게 잘 살펴서 올바른 마음을 꽉 잡아야 한다'라고 말했는가. 이 글을 읽으면 마치 하나의 마음이 인심(人心)과 도심(道心)으로 나뉘어 있는 것처럼 느껴지지 않는가. 그 이유는 간단하다. 사람은 모두 바른 마음을 지니고 태어난다. 세상을 만들어낸 바른 이치에 따라 태어나기 때문이다. 그러나 사람으로 태어나는 순간 몸을 지니게 된다. 몸을 지녔기에 배고픔과 배부름을 느끼고 춥고 더운 것을 느끼며 편안하고 불편한 것을 느끼게 된다. 이것이 바로 사사로운 욕망, 인심(人心)이다. 그렇다고 본래 지니고 있던 바른 마음, 도심(道心)이 사라진 것은 아니다. 다만 사람들이 외부의 작용을 느끼는 것에만 치중하기 때문에 본래 지니고 있던 바른 마음을 잊고 있을 뿐이다. 아무리 뛰어나고 현명한 사람이라도 사사로운 욕망, 인심(人心)을 없앨 수는 없다. 몸을 지니고 있기 때문이다. 또한 아무리 어리석은 사람이라 하더라도 본래 타고난 바른 마음, 도심(道心)을 지니고 있다. 이 모든 것이 한 사람의 마음에 동시에 존재한다. 중요한 것은 이를 적절히 다스려 조화롭게 만드는 것이다. 이를 적절히 다스리며 조화롭게 만들지 못하면 위태로워지고, 이것이 계속 이어지면 바른 마음(道心)은 점점 깊숙한 곳으로 숨어들고 작아져 찾아내기가 점점 더 어려워진다. 정밀하게 살피라는 것은 인심(人心)과 도심(道心)을 구분하라는 말이다. 그것이 서로 뒤섞여버리면 혼란스럽게 되기 때문이다. 꽉 잡으라는 것은 도심(道心)을 찾아내어 소중하게 간직하며 이를 더욱 더 크게 키워나가라는 뜻이다. 자칫 방심하면 놓쳐버리는 경우도 생기기 때문이다. 잠시도 방심하지 말고 노력하라는 뜻이다. 그렇다고 일방적으로 인심(人心)을 없애버리고 도심(道心)만 가지라는 것은 아니다. 도심(道心)이 앞장서서 나아가고 인심(人心)이 그를 따라서 가는 것이 중요하다. 몸을 지니고 있는 이상 인심(人心)을 없앨 수는 없다. 다만 너무 인심(人心)에 치우치고 얽매이지 않도록 적절히 해야 하는 것을 말한다. 인심(人心)이 도심(道心)을 따르는 것도 억지로 하는 것이 아니다. 진실로 그것이 기쁘고 즐거워서 따라야 한다. 그래야만 위태로움은 사라지고 편안해지며, 잘 보이지 않던 것이 확연하게 드러나 그것을 따르는 게 쉬워진다. 이런 경지에 다다르면 숨 쉬고 먹고 잠자고 움직이며 말하고 일하는 모든 생활에 있어 지나치거나 모자람이 없이 모두 적절하여 잘못이 없어질 것이다."

앞서 이야기한 주희의 말이다. 사람이 지닌 본성(性)은 세상이 만들어진 이치(理)에 의해 만들어졌다고 주장했기에 그의 학문을 '성(性)'과 '리(理)'를 묶어 성리학(性理學)이라 부른다.

자꾸만 위태로운 방향으로 가려는 마음(人心)을 올바르게 돌려놓을 수 있는 희미하고 작은 마음(道心)을 동시 속에서 찾아보았다.

2.

헉!/헉!/톡, 넘어졌다.//자그마한 돌멩이 하나가/내 욕심을 잡아줬다.

(박정식, 「달리기 시합」 전문)

앙상하게 말라가는/큰 나무//이상하다/했지.//큰 나무 바로 밑에서/어린 나무가/자라고 있었다.

(박정식, 「자리 비켜주기」 전문)

인심(人心)을 따르기는 쉬운데 도심(道心)을 따르는 것은 왜 어려운가. 관심이 있느냐 없느냐의 차이다. 나의 개인적 이익과 지금 당장의 편안함은 눈에 잘 보인다. 크게 보인다. 그러나 우리 모두의 이익과 모든 사람들의 편안함은 잘 보이지 않는다. 작게 보인다.

"새와 물고기 등 짐승들을 보아라. 그물이 쳐져 있는데도 불구하고 먹이가 눈에 보이면 아무 생각도 없이 달려든다. 낚시 바늘에 매달린 먹이라 하더라도 달려든다. 왜 그렇게 하는가. 위험에 대해 잘 모르기 때문이다. 우매한 사람들이 도심(道心)을 찾지 못하는 것도 이러한 이치와 같다. 인심(人心)을 따르는 것은 그때그때의 감각에 따르는 것이다. 맛난 음식을 보면, 금덩이를 보면, 추울 때 따스함을 보면, 깊이 생각하지도 않고 그저 외부의 변화를 따라 움직이게 된다. 그때그때 눈앞에 있는 것만을 따라가니 이리저리 흔들리게 되고 방향 감각조차 상실하니 걸어가고 있지만 어디로 가는지조차 모르게 된다. 몸뿐만이 아니라 마음도 마찬가지다. 몸은 여기에 있는데 마음은 저 멀리 가 있다. 넋이 나갔다는 뜻이다. 그러니 위험해질 수밖에 없다."

주희의 부연설명이다. 그러나 시인은 주희보다 매우 짧게 그리고 간명하고 쉽게 순(舜)임금의 충고를 우리에게 알려주고 있다.

새벽 잠 깬 아기가/기지개를 켠다.//두 팔 뻗어/머리맡 '어둠'을/쭉/밀어낸다.//온 세상이/밝아진다.

(박정식, 「아기 힘」 전문)

박정식의 동시집 『비디오 판독중』은 힘이 세다. 어둠을 쭉 밀어내고 세상을 밝게 만든다. 혼탁한 인심(人心)을 쭉 밀어내고 희미해진 도심(道心)을 환하게 보여준다. 박정식에게 도심(道心)은 동심(童心)이 담긴 동시(童詩)다.

3.

고개를 숙여야만/비로소 보이는 꽃//그 꽃을 보려면은/내 키가 작아진다//
마음도 고개 숙이면/겸손한 꽃이 된다

(문영순,「작은 꽃」전문)

"마음에 화가 치밀어 오르거나 마음이 조급하여 뜨거울 때는 불이 타오르는 것처럼 달아올랐다가 또 차가워질 때는 얼음처럼 굳어버린다. 이렇게 방향을 잡지 못하고 우왕좌왕 하면 어떻게 편안해질 수 있겠는가. 걸핏하면 구덩이에 빠지고 툭하면 넘어지게 된다. 몸이 위험한 것은 물론이지만 이렇게 갈팡질팡하면 그 마음은 어떻게 되겠는가. 몸보다 앞서 마음이 먼저 만신창이가 되고 말 것이다. 요임금이나 순임금과 같은 성인(聖人)도 인심(人心)이 있다고 했다. 그러나 앞서 설명한 것처럼 인심(人心)이 있다고 하여 모두가 위험에 빠지는 것은 아니다. 성인(聖人)의 인심(人心)은 자연스럽게 도심(道心)을 따른다. 도심(道心)이 마음을 이끌어가고 인심(人心)은 그에 적절히 반응할 뿐이다. 만약 인심(人心)만 지니고 있다면 위태롭겠지만 도심(道心)을 지니고 있으므로 위험에 빠지지 않는다. 성인(聖人)과 미친 사람(狂人)의 차이는 어디에 있는가? 미친 사람(狂人)이라 하더라도 도심(道心)을 찾아 이를 따르면 성인(聖人)이 될 수 있고, 도심(道心)을 잃고 인심(人心)에만 휩쓸리면 성인(聖人)도 미친 사람(狂人)으로 변할 수 있다. 이것을 잊지 말라."

주희의 또 다른 설명이다. 흔들리지 않고 평정심을 찾기 위해 가장 중요한 것은 '경(敬)'이다. 안으로는 모든 것을 존중하는 '겸손한 마음'이 바로 '경(敬)'이라 할 수 있다. 크고 강하다고 좋은 것이 아니라는 것을 시인은 우리에게 말해준다. 시인의 충고처럼 스스로를 작게 만들어 겸손해지면 무슨 일이 일어나는가.

하늘은 별을 안고/산들은 나무 안고//풀들은 땅을 안고/토닥토닥 다독이네//세상을 살아가려면/서로 함께 도와야죠.

(문영순, 「우리 함께」 전문)

돌돌돌 손재봉틀/어머니가 생각난다//자다가 깨어 보면/돌돌돌 또 그 소리//색색 천 짜 맞춰가며/무지개를 만드신다.

(문영순, 「조각보」 전문)

"안으로는 모든 것을 존중하는 겸손한 마음(敬)을 곧게 가지고, 밖으로는 바르고 옳은 것(義)을 지켜내는 실천을 보여주어야 한다. 모든 것을 공경하는 마음을 굳게 지키면 내면이 바르게 되고, 바르고 옳은 것을 실천하고 지켜내면 외면이 단정해지는 법이다. 그러므로 외모를 잘 가꾸기 위해서는 먼저 마음이 올바르게 가꾸어져야 한다. 마음이 자연스럽게 밖으로 드러나 외모가 되기 때문이다. 이렇게 되면 스스로 나서지 않아도 사람들이 알아보고 존경해주며 억지로 꾸미지 않아도 주변에 사람들이 모여들게 된다. 무슨 일을 하더라도 잘 이루어지며 모두를 이롭게 만든다. 억지로 멋지게 꾸미려 하지 말라. 바른 마음을 가지면 저절로 멋지게 된다."

주희에 앞서 성리학의 기초를 닦은 송나라의 학자 정이(程頤)의 설명이다. 작아져 겸손해지면 서로 기대게 된다. 추우면 서로 끌어안게 되는 것처럼, 거만하지 않고 겸손해지면 서로 끌어안게 된다. 도닥이게 된다. 타자는 내가 물리쳐야 하는 상대가 아니라 협력해야 할 친구가 된다. 서로 다름에도 불구하고 끌어안게 되면 아름다운 무지개가 된다. 억지로 꾸미려 하지 않아도 멋지게 된다. 겸손한 마음이 이뤄낸 기적이다.

문영순의 동시조집 『애벌레 엉덩이 춤』은 낮은 곳으로 내려가 높게 날아오른다. 작고 약한 것들이 서로 서로 힘을 모아 도심(道心)을 구현해낸다.

4.

어둠은 작은 불빛에도/화들짝 놀라 도망친다.//산 밑 외딴길 점령했던 어둠도/자동차가 불 켜고 달려오면/줄행랑부터 친다/길옆에 납작 엎드린다.

(배정순, 「어둠은 겁쟁이다」 일부)

잠이 왔어/날 찾아왔어/우주 어디쯤 떠돌다/날 찾아온 거야//잠이 왔어/수업시간인데 찾아왔어/밤에 충분히 있다 가지 못해/낮 시간에 슬며시 내게 온 거야.//잠이 왔어/아침 일찍 보냈더니/아쉬워서 다시 온 거야.//잠이 왔어/날 찾아온 거잖아/쫓아버리지 않을게/도망가지 마.

(배정순, 「잠이 오다」 전문)

인심(人心)은 어둠과 같다. 도심(道心)으로 마음을 단단히 하고 부딪치면 물거품처럼 사라진다. 빛을 이겨내는 어둠이 없는 것과 같은 이치다. 우주가 만들어졌을 때 발생한 입자들의 조각이 우리의 몸을 이루는 물질이 된 것처럼, 우리의 마음도 우주를 만들어낸 천리(天理)로 이루어져 있다는 믿음이 있다면 무엇이 두렵겠는가.

도심(道心)을 잠시 잊고 있었다 하더라도 자포자기(自暴自棄)할 필요는 없다. '자포(自暴)'는 나(自)에게 폭력(暴)을 가하는 것이며 '자기(自棄)'는 나(自)를 쓰레기처럼 내다버리는(棄) 것을 의미한다. 이토록 무서운 말이 어디 있겠는가. 도심(道心)은 늘 나와 함께 하고 있으니 잠시 잊고 있었다 하더라도 두려워할 필요가 없다. 반드시 돌아오니, 그때 '올바른 마음을 꽉 잡아야 한다'. 그것만 잊지 않고 있으면 된다.

나뭇잎들 손바닥 활짝 펴고 일광욕 중이다/잠자리도 날개 활짝 펴고 바위에 누웠다//젖은 옷 말리는 시간//쉿! 방해하지 않기.

(배정순, 「비 그친 숲속」 전문)

그렇게 올바른 나를 다시 찾아 대면하면 된다. 드디어 도심(道心)이 완성되고 경(敬)을 이루게 된다.

"조심스럽고 겸손한 마음, 그리고 다른 모든 것들을 존중하는 마음을 지니지 않으면 바른 길로 접어들 수 없다. 또한 세상과 사물의 이치를 제대로 파악하면 그 앞에 겸손해지고 모든 것들을 존중하는 마음이 생기지 않을 수 없다. 그러므로 인심(人心)과 도심(道心)은 서로 따로 떨어져 존재하는 게 아니라 서로 조화롭게 결합되어 존재한다. 그러나 요즘 사람들을 보면 이러한 조화를 잘 모른다. 어떠한 상황을 맞이하면 그것에 마음이 흔들려 '아, 저것이 내 마음을 빼앗아가 내가 이렇게 흔들리는구나!'라고 생각하며 그 상황을 미워한다. 미워하면서도 내치지 못하고 갈등 속에서 고통스러워할 뿐이다. 그러나 그 상황이 마음을 빼앗아간 것이 아니라 내 마음이 스스로 그 상황을 향해 나아간 것이다. 상황을 탓하지 말라. 잡다한 생각이 많아 스스로 편안하지 못한 이유는 스스로 마음의 중심을 잡지 못하고 있기 때문이다. 중심을 잘 잡고 있으면 어떠한 상황에 놓이더라도 흔들리지 않고 이치에 맞게 움직일 수 있다."

앞서 언급한 송나라의 학자 정이(程頤)의 말이다.

배정순 시인은 온전한 자신을 마주하기 위해 노력하고 있다. 어둠과 정면으로 마주하고 조용히 찾아온 내면의 나를 조용히 받아들이자고 말한다. 그리고 외부의 유혹에 흔들리지 않고 내면의 자신과 조용히 마주하여 온전히 지니고 태어난 도심(道心)을 찾아간다.

배정순의 동시집 『강아지가 돌린 명함』은 진정한 나를 찾아가는 안내서와 같다. 인심(人心)에 매몰되지 않고 도심(道心)을 찾아 떠나는 여행기라 해도 좋으리라.

900년 전에 세상을 떠난 주희가 오늘로 돌아와 동시를 읽으면 아마도 깜짝 놀라리라. 자신이 그토록 어렵게 설명한 성리학(性理學)의 내밀한 목소리를 이토록 간명하고 쉽게 풀어낸다는 사실을 믿지 못할 것이 분명하다.

서로 다른 세 가지 시선,
그러나 모두가 같은 곳을 바라보고 있었네

최영재 동시집 『누가 보나 안 보나』(아침마중, 2019.1.)
이경덕 동시집 『딱따구리 집짓기』(아동문예, 2019.1.)
정혜진 동시집 『바람 배달부』(소야, 2018.12.)

1.

의도하는 바가 없을 때 이루어진다. 너무도 뚜렷한 목적을 지니면 오히려 어깨에 힘이 들어가고 발걸음도 꼬이게 된다. 자연이 그러하다. 무엇을 이루어내겠다는 의도가 없으니 모든 것을 이루지 않는가. 꽃이 피고 열매를 맺고 씨앗을 남겨 새로운 탄생을 준비하는 모습을 보라. 최영재의 동시집 『누가 보나 안 보나』는 그러한 무위(無爲)를 노래하고 있다.

장마 뒤 질퍽한 학교 운동장에/덤프트럭이 모래 산을 서너 개 내려놓고 갔다.//아이들은 등하굣길 일부러 모래 산길 넘어 다니고/쉬는 시간 모두 나와 두꺼비집 만들고/점심시간 씨름할 때 괜히 넘어지고/매일 세웠다가 무너뜨리는 많은 모래성.//한 달쯤 지나자/아무도 삽질 한 번 하지 않았는데/높은 모래 산들은/어디론가 사라지고 말았다.

(최영재 「모래 산」 전문)

아무도 삽질 한 번 하지 않았는데, 질퍽한 운동장은 말끔히 정리되었다. 아이들의 자유로운 놀이가 문제를 저절로 해결했다.

'공사 중 운동장 사용금지'//강둑 아래 둔치 축구장/배수 공사로 두 달 동안/빨간 테이프 둘렀는데//사람이 오지 않는/이 좋은 기회 놓칠까보냐?//잡초들은/어디서 어떻게 알고 왔는지/여기저기 자리 잡고//매일 맘껏 운동장 사용 중.

(최영재 「운동장 사용 중」 전문)

잡초는 사람들이 거들떠보지 않아도/-뭐 어때?/난 이렇게 싱싱하기만 한걸.//잡초는 사람들이 평생 물 한 방울 안 주어도/-뭐 어때?/아침 이슬만 먹어도 배부른데.//잡초는 사람들이 악착스레 뽑고 또 뽑아도/-뭐 어때?/비 며칠 오면 금방 또 살아날 건데.//잡초 밭에 온 벌 나비 헛걸음하고 눈 흘기면/-뭐 어때?/땅 속에 지렁이 친구가 얼마나 많은데.

(최영재 「뭐 어때?」 전문)

'잡초'도 그러하다. 아이들과 잡초는 모두 의도가 없어 자유롭고 의도가 없어 모든 것을 해결한다. 그러한 모습을 본 시인은, 그 오묘한 진리의 한 자락을 발견한 시인은, 그래서 '숨도 크게 쉬지 못하'고 경이로움을 느끼며 지켜볼 뿐이다.

산길 나뭇가지에서/잣송이를 슥슥슥 벗겨 잣알만 까먹는 청설모/뽕잎을 야금야금 먹어치우는 누에//자갈인 듯 자갈밭에서 알을 품는 꼬마물떼새/한참만에 리을 자 목을 펴서/피라미 낚아채는 백로//나를 우뚝 세워놓고/한동안/숨도 크게 쉬지 못하게 한/대단한 녀석들.

(최영재「나를 꼼짝 못하게 한 녀석들」전문)

아늑한 산자락 숲에/바위, 나무, 산골 물, 새, 고라니, 두더지 등/오순도순 살았는데//사람들이 몰려와/오래된 나무를 마구 베어 길을 만들고/숲을 걷어내고/아파트를 지었어요.//그래도 숲속 가족들은:/"물러가라! 아파트가 웬 말이냐!"/"돌아가라! 돌아가라!"//한 마디도 안 했어요./그저 둥지 짓는 줄 알고 함께 살았어요.

(최영재「같은 둥지」전문)

아이들과 잡초만 그러한 것이 아니다. 청설모와 누에, 꼬마물떼새와 백로도 그러하다. 바위, 나무, 산골 물, 새, 고라니, 두더지도 그러하다. 최영재 시인이 발견한 세상은 모두 그러하다. 유독 사람만 그러하지 않으려 하니 그것이 안타까울 뿐이다.

2.

세상은 매우 조화롭게 이루어져 있다. 그걸 거스르지 않고 따르면 올바른 길을 가게 된다. 그렇기에 '순천자흥(順天者興) 역천자망(逆天者亡)'이라 말하는 것이다.

책 읽는/동상 옆에/나란히 앉아,//나도/책을 펼친다.//나무도 이파리도/싸르락 싸르락//직박구리도/직직 박박//덩달아 책 읽은 시간//어느새/지구를/돌리고 있다.

(이경덕 「독서 시간」 전문)

그렇게 순응하니 지구가 돈다. 지구의 자전 속도는 어마어마하다. 1초에 465.11m를 이동한다. 시속으로 따지만 1,674.396㎞/h다. 고속도로에서 시속 120㎞/h로 달려도 가슴이 벌렁벌렁한 당신이라면 1,674.396㎞/h라는 속도는 기절할 정도라고 할 수 있다. 그런데 왜 느끼지 못하는가. 순천(順天)했기 때문이다. 조용히 책을 읽는 행위 하나만으로도 우리는 1,674.396㎞/h의 속도를 잊는다. 이경덕 동시집 『딱따구리 집짓기』는 순천(順天)의 기록이다.

달 따려고/마당에 나섰다가//가슴 주머니에/달빛 웃음만 가득//달이/빙긋이 웃어주었다.

(이경덕 「달 따러 가자」 전문)

학교 오갈 때 따로 따로 다니던/집 앞 골목길//영철이가/눈 치우며/길을 내려옵니다.//말을/할까 말까 하는 사이//한 삽 두 삽/치운 눈/길이 뚫어졌어요.

(이경덕 「눈 치우기」 전문)

달을 따려고 덤벼드는 사람이 있더라도 달은 버럭 화를 내지 않는다.

오히려 빙긋 웃어준다. 이제 달을 따지 않아도 된다. 가슴 주머니에 달빛 웃음이 가득해졌기 때문이다. 집을 떠나 직선으로 가장 멀리 가면 어디에 도착하는가. 내가 떠나온 집에 도착한다. 세상은 둥글기 때문이다. 멀리 갈수록 가까워지는 마법, '영철이'와 '내'가 그것을 증명하고 있다. 이경덕 시인이 발견한 세상은 그렇게 둥글게 연결되어 있다.

3.

세상은 어쩌면 하나의 집이다. '지구촌 가족'이라는 말이 낯설지 않은 요즘이다. 천리안을 가진 사람은 자신의 뒤통수를 볼 수 있다. 자신의 얼굴은 보지 못한다. 그러면 내 얼굴은 어떻게 볼 수 있는가. 가까이 있는 사람의 얼굴을 보고 미루어 짐작한다. 아기는 엄마의 얼굴을 보며 자신의 얼굴을 느낀다. 친구의 얼굴을 보며 내 얼굴을 그려본다. 내가 보는 타인의 얼굴이 나의 얼굴이다. 타인의 얼굴이 나의 거울이다.

크고 작은 나무/갖가지 풀꽃/조잘조잘 노래하는 새들/꿈틀거리는 바윗돌//모두를/한결같이 품어 안은 산//가족들이/저마다의 자리에서/서로를 보듬어주는 우리 집처럼//아름다운 풍경이다.

(정혜진 「산」 전문)

하늘나라 저 멀리/여행 떠난 우리 할아버지/노란 국화꽃이 되어/내 마음 속에서 피어난다.//"눈앞에서 없어져도/사라진 것이 아니란다."//귓가에 쟁쟁한 그 말씀/잊어버릴 수 없는 그리움이다.//금빛 햇살 닮은/노란 국화꽃을 좋아하신/우리 할아버지//가을이 되면/손잡고 걷던 놀이공원/꽃밭 길에 핀 노란 국화꽃//그리운 마음으로/할아버지를 만난다.

(정혜진 「꽃이 되어」 전문)

이 세상은 결국 하나의 산이다. 나는 산의 구석에 자리한 나무고 풀이고 새이며 바위다. 그것들이 어우러져 산이 된다. 그러므로 '나'는 산이다. 산이 '나'다. 발가락도 손톱도 엉덩이도 모두 '나'인 것과 같은 이치다. "눈앞에서 없어져도 사라진 것이 아니란다."는 할아버지의 말씀은 정확하다. 정혜진 동시집 『바람 배달부』는 세상의 모든 것이 바로 '나'라는 사실에 대한 발견이다.

잠꾸러기 하늘 눈/몰래 살짝 내려오다가//밥태기꽃/이팝꽃으로 변신했다.//곧 있으면 봄이 온다고/미리 보낸/하늘 문자다.

(정혜진 「눈꽃」 전문)

눈에 띄지 않을 거야./땅에도 젖어들지 않을 거야.//입김으로만 내려와/꽃잎/나무 이파리에만/작은 아기 구슬/표시나지 않게/살그머니/올려놓을 거야.//가만가만/아주/몰래몰래...

(정혜진 「살짝 안개비」 전문)

백 수십억 년 전 빅뱅(big bang)으로 우주가 탄생되었고, 초기 우주에서 빅뱅 직후 떨어져 나온 쿼크와 글루온과 같은 미립자가 자유롭게 섞여 우주 만물을 구성하는 입자가 되었다. 그것을 나누어 가진 것이 바로 '우리'다. 그렇기에 모두가 피를 나눈 형제들이다. 그러니 하늘에서 내리는 눈은 밥태기꽃과 이팝꽃이고 안개비는 내 입에서 나오는 입김이다. 아무도 모르게 가만가만, 눈에 띄지 않게 작고 작아도 다르지 않다. 모두가 빅뱅의 자식들이니까.

탕! 탕!/피웅~! 피웅~!//거리를 무섭게 위협한/1980년 5월 18일//공포에 질려/외출 중인 엄마 찾아/대문 밖으로 나갔다가/소리 물결에 휩쓸려간/일곱 살 이창현 어린아이//몇 십 년 길고도 긴 시간 흘렀어도/지금껏 돌아오지 않았다.//가슴 속에서만 팔딱거린/일곱 살 어린아이는/수 십 년 세월이 지났지만/아직도/엄마 품에 안기지 못했다.

(정혜진 「아직도 일곱 살」 전문)

그러므로 타인의 아픔이 나의 아픔이 되는 것은 당연하다. 자식이 아프면 부모도 아프고 부모가 아프면 자식도 아프다. 이웃이 아프면 나도 아프다. 지구 반대편에 사는 아이가 굶주리면 내 마음이 아픈 이유가 다 여기에 근거한다. 타인의 슬픔에 공감하며 함께 울어줘야 나의 슬픔에 타인도 공감하며 함께 울어주지 않겠는가. 정혜진 시인이 발견한 세상은 모두가 한 가족이다.

사랑이란
서로 연결되는 것이다

김영기 동시조집 **『꽃잎 밥상』**(아침마중, 2019.7.)
이오자 동시집 **『까만 하트 오글오글』**(소야, 2019.5.)
변정원 동시집 **『달님 도장』**(아동문예, 2019.4.)

1.

"절실하게 묻고 가까운 것부터 생각하면(切問而近思) 인(仁)은 그 가운데 있다." 공자의 제자 중 한 사람인 자하(子夏)의 말이다. 낮고 가까운 곳을 무시하고 무작정 높고 먼 곳으로 달려가는 것은 불가능하다. 중요한 것은 높고 먼 곳이 아니라 나의 절실함이다.

바람이/안 불어도/나뭇잎 떨어지고//비에 젖지 않아도/절로 지는/꽃잎들// 가는 곳/엄마 품인 걸!//아름답다,/저 빛깔.

(김영기 「엄마 품으로」 전문)

'펑펑펑!'/소리 내며/피는 꽃을 보았어.//세상에서/제일 큰/하늘 위에 피는 꽃.//그리운/할아버지께/영상편지 할 거야.

(김영기 「불꽃 축포」 전문)

무성하고 푸르른 잎이 아니라 초라한 낙엽, 활짝 핀 꽃잎이 아니라 시든 꽃잎. 힘없이 땅으로 떨어지는 것이지만 시인의 눈에는 찬란한 아름다움으로 보인다. 대지(大地)의 품으로 돌아가는 것으로 파악하기 때문이다. 저 멀리 그리고 높이, 하늘로 날아오르는 게 아니다. 바로 코앞의 땅으로 떨어지는 것인데 아름답다. 뿐만이 아니다. 하늘 높이, 그리고 멀리 올라가 활짝 피는 꽃도 마찬가지다. 이유는 무엇인가. 엄마와 할아버지, 오늘의 나를 있도록 만든 뿌리를 향하고 있기 때문이다.

가랑잎/갈바람에//후르르/떨어지듯//내려앉은/참새 떼가//솔방울로/뒹굴더니//바스락/갈잎에 놀라//다시 날아/후르르.

(김영기 「후르르」 전문)

"솔개는 하늘로 날고 물고기는 못에서 뛴다(鳶飛戾天 魚躍于淵)."라고 했던가. 김영기 시인이 보여주는 세상은 오묘한 자연의 이치를 멀리 물러나 조망하기도 하고 가까이 다가와 세밀하게 관찰하기도 한다.

활짝 핀/봉숭아 꽃/예뻐요, 친구처럼//짝지와/물들이니/빛나요, 반짝반짝//어느새/꽃이 된 손톱/둘이 하나 됐지요.

(김영기 「봉숭아, 꽃 손톱」 전문)

거꾸로/불러주면/여럿이/되는 것들//들꽃은 꽃들이 되고/들풀은 풀들이 되고//들새는/새들이 되어/날아와요,/나에게.

(김영기 「거꾸로 불러주면」 전문)

이제야 알겠다. 꽃이 손톱이 되고, 둘이 하나가 되는 이유. 낙엽과 꽃잎이 왜 뿌리로 향하는지. 떨어짐과 솟아오름이 왜 동일하게 황홀한지. 머리와 꼬리가 왜 연결되고 탄생과 죽음이 왜 손을 잡고 있는지. 김영기 시인에게 이 넓은 세상과 끝없이 펼쳐진 우주는 까마득한 게 아니다. 새들이 나에게 다시 날아오는 것처럼, 내 안에 세상이 있고 우주가 있다는 것을 시인은 알고 있다.

2.

"의학 책을 보면, 손발이 마비되는 병을 가리켜 '불인(不仁)'이라고 말한다. '인(仁)'이 무엇인지에 대해 이처럼 적절한 표현을 나는 아직 보지 못했다. '인(仁)'은 이 세상의 모든 것을 내 몸처럼 사랑하고 존중하며 아끼는 것이다. 이러한 '인(仁)'을 실천하면 나와 세상은 하나가 되어 서로 조화롭게 소통하고 어우러진다. 서로 피가 통하고 감각이 이어진다. 그러나 '인(仁)'을 실천하지 못하여 '불인(不仁)'하게 되면 세상과 내가 서로 상관없이 따로 떨어져 서로 통하지 않게 된다."

송나라의 학자 정호(程顥)의 말이다. 결국 '인(仁)'은 연결되는 것이다.

언니 오빠 이름표는/왼쪽 가슴에 붙이고//할머니 이름표는/무릎에다 붙이지//잠결에도 다 알지/핫쿨한 냄새//글자 하나 없는/할머니 이름표

(이오자 「파스」 전문)

읽지 않아도 느낄 수 있다. 캄캄한 밤에도 알 수 있다. 연결되어 있기 때문이다. 글자로 쓰지 않아도, 굳이 말하지 않아도 된다. 연결되어 있기 때문이다.

당근도 싫다/시금치도 싫다며//친구 식판 고기만/빼앗아 먹던 민성이//당근, 시금치를/우걱우걱 잘 먹는다//"편식하는 애 별로야"//예린이 한 마디가/민성이 병 고쳤다//예린이가 약이다

(이오자 「편식 잡는 약」 전문)

관심을 갖는 것은 연결의 시작이다. 관심을 갖고 지켜보는 것만으로도 변화는 이뤄진다. 혼내고 야단치는 것으로는 해결할 수 없는 것들이 '인(仁)'으로 해결된다. 서로 연결되어 느낌과 감정을 공유하게 되면 저절로 해결된다.

파릇파릇 여린 싹/"봄이다!" 했더니//밤낮없이 돌돌돌/시간을 감고 감아//어느새 노랑 빨강/가을이 감겨 왔네//돌/돌/돌/돌/하이얀 겨울도 곧 당겨 오겠네

(이오자 「시간 실타래」 전문)

하늘에서 땅까지/그 먼 길을 내려와//엄마처럼 포근히/온 바닥 품고 누워//생명들 하나하나/햇살꼭지 물리신다

(이오자 「햇살」 전문)

담 밑에 민들레/평상엔 할머니//하얀 머리/둘이서/봄볕 쬐고 계시다

(이오자 「둘이서」 전문)

서로 연결되는 게 어디 사람뿐이겠는가. 봄과 여름, 가을과 겨울이 서로 손잡고 이어지지 않던가. 더 나아가 하늘과 땅이 연결되고 민들레와 할머니가 '햇살꼭지'를 사이좋게 물고 있는 것도 눈에 들어온다. 이오자 시인은 그렇게 모든 것들을 연결시키고 있다.

3.

'인(仁)'을 이룬 사람이 군자(君子)이고 대인(大人)이다.
"대인(大人)은 어린아이의 마음을 잃지 않은 자이다.(大人者 不失其赤子之心者也)" 맹자의 말이다. 이에 대해 주자는 "어린아이는 아직 외부의 영향을 많이 받지 않아 본래 타고난 순수한 마음을 거의 그대로 지니고 있다. 대인(大人)은 바른 이치를 회복하여 사사로운 욕심을 모두 몰아냈으니 어린아이와 그 마음이 같다고 한 것이다. 또한 어린아이는 아는 것도 없고 따로 익힌 기술도 없다. 그저 순수한 마음뿐이다. 억지로 꾀를 부리지도 않고 거짓으로 꾸미지도 않는다. 이익과 불이익을 따지지도 않는 상태, 그것이 바로 어린아이(赤子)와 대인(大人)의 같은 점이다."라고 주석을 달았다.

밤/낮/쉬지 않고//풀뿌리/나무뿌리//정성스레/달여서//산이/꾹 짜놓은/약

(변정원 「샘물」 전문)

불순물이 없으니 약이 된다. '샘물'은 그래서 어린아이(赤子)의 마음과 같다. 쉬지 않고 성실하게, 정성을 다하니 대인(大人)이기도 하다.

새벽/산책길에 만난/키 작은 들국화//추운지/낙엽 이불 돌돌 감아//샛노란 얼굴만/쏙/내밀고 있다

(변정원 「들국화」 전문)

새벽 아침/가시 같은/서리에//손이 시린/단풍잎//주먹을/꼭/쥐고 있다

(변정원 「늦가을」 전문)

순수한 마음을 회복하니 평소에 보이지 않던 작은 것들이 보이기 시작한다. '키 작은 들국화'가 추위에 힘들어하는 모습이 눈에 들어오고, '손이 시린 단풍잎'의 꼭 쥔 주먹도 보인다. 나의 아픔이나 나의 상태에만 집중하는 게 아니라 타인의 아픔, 타인의 상태에도 민감하게 반응하게 된다. 서로 피가 통하고 감각이 이어졌기 때문이다. 연결되었기 때문이다.

아버지 양말/뒤꿈치에/구멍 났다//말수 없으시고/점잖으신 아버지//힘들다고/말 한마디/안 하시니//참다못한/발꿈치가/입을 열었다

(변정원 「아버지」 전문)

변정원 시인은 이렇게 타인의 마음을 읽고 공감하고 있다. 그렇게 우리는 연결되어 소통하며 서로 사랑하고 있었음을 새삼 깨닫게 된다.

어제와 오늘보다 내일이 더 궁금한, 두 시인

신현득 동시집 『만세 100년에』(아침마중, 2019.11.)
김종상 동시집 『다람쥐의 수화』(아침마중, 2019.11.)

1.

중국 송나라의 철학자 장재(張載)는 독서광이자 메모광이었다. 같은 시대의 여러 학자들 중에서도 다양한 분야의 책을 편식하지 않고 모두 섭렵한 대표적인 학자이기도 하다. 우주에 대한 깊은 성찰로도 유명했다. 특히 그는 교육에 대해 많은 글을 남겼는데, 몇 가지만 추려보면 다음과 같다.

"요즘 세상을 보라. 자식을 바르게 가르치려는 생각은 점점 사라지고 그저 애지중지하여 사랑해주려고만 하니 세상이 점점 어지러워진다. 아이들을 바르게 가르치지 않으니 어려서부터 자기밖에 모르고 교만하고 게으르다. 그렇게 성장하면 성격은 사나워지고 거칠어진다. 오직 사랑해 주기만 하고 바른 자세와 태도, 예절을 가르치지 않았기 때문이다. 그러므로 결국에는 부모에게 대들고 자기주장만 내세우는 지경에 이르게 된다. 겸손함을 모르고 언제나 자기만을 내세운다. 이것이 죽을 때까지 이어진다. 이러한 것은 오히려 자식을 사랑하지 않는 것과 같다. 사랑한다면 바르게 가르쳐야 한다. 바른 자세와 바른 태도에서 바른 마음이 싹트기 때문이다."

"어려서부터 어른들에게 깍듯하게 인사하고 바르게 대답하며, 주변을 깨끗하게 청소하고 정리하며, 사람들을 만났을 때 예절에 맞게 행동하는 법을 배우지 않으니 친구를 사귀더라도 함부로 하고 겸손하게 행동하지 못한다. 어른이 되어 세상에 나아가더라도 사람들과 조화롭게 어울리지 못하고 부딪치게 되고, 직장을 갖더라도 함부로 행동하여 말썽을 일으킨다. 높은 자리에 오르면 거만하게 행동하여 사람들로부터 미움을 받게 된다. 이런 사람들이 점점 늘어나면 세상은 어떻게 되겠는가."

장재는 1020년에 태어나 1077년에 세상을 떠났으니 위의 그가 한 말은 천 년 전의 것이 된다. 그럼에도 불구하고 바로 지금 누군가가 이렇게 말했다 하더라도 이상할 것이 없게 느껴지지 않는가. 교육의 문제는 천 년 전이나 지금이나 비슷하다는 생각이 들 정도라고 하겠다.

장재의 글을 떠올린 이유는 최근에 연속하여 간행된 두 권의 동시집, 신현득 동시집 『만세 100년에』와 김종상 동시집 『다람쥐의 수화』를 읽었기 때문이다.

2.

빠꼼빠꼼/문구멍이/높아간다.//아가 키가/큰다.

(신현득, 「문구멍」 전문)

내 연필, 내 가방, 내 책상만/내 것인 줄 알았던 내가,/오학년이 되고부터,/골목길, 큰길이/우리 모두의 땅이란 걸 알았지./"내 것도 되네." 했지.//내와 강·바다가/냇물·강물·바닷물이/우리 모두의 것이며, 내 것인 걸 알았지./"저 하늘이, 모두의 것이며, 내 거야."/뜬구름까지./해와 햇빛, 달과 달빛이 모조리/"아이구, 그것까지.//내 가진 게 엄청, 엄청나네!"//지금은 육학년./밤하늘, 저 많은 별이/모두의 것이며, 내 거란 걸 알았어./"아이구나, 그것까지!"

(신현득, 「내 것이 얼마나 되나?」 전문)

신현득의 「문구멍」은 1959년 조선일보 신춘문예 동시부문 입선작이다. 「내 것이 얼마나 되나?」는 2019년에 출간한 동시집 『만세 100년에』에 수록된 작품이다. 60년의 시간이 흐르는 동안, 신현득의 작품이 얼마나 크게 변화했는지 한눈에 파악할 수 있다. 두 작품 모두 '성장'을 말하고 있지만 자세히 들여다보면 간격이 매우 크다. 「문구멍」은 성장의 결과에 매이지 않는다. 그러나 「내 것이 얼마나 되나?」에서는 성장의 결과를 제시하고 있다. 게다가 매우 많이 길어졌다. 간단명료한 이미지를 압축시킨 「문구멍」에서 온갖 설명과 묘사를 길게 늘어놓은 「내 것이 얼마나 되나?」로 변화한 것이다.

옥중아 옥중아/너는 커서 뭐 할래?//보리밥 수북이 먹고/고추장 수북이 먹

고/나무 한 짐/쾅당! 해오지.

(신현득, 「옥중이」 전문)

시골 할아버지는/'힘'을 '심'이라셔.//"일에는 밥심일세./많이 먹어 두게."/농사꾼 아저씨들과/밥상에 마주앉아 하시는 말씀.//옥식기에 고봉으로 담은 밥은/그릇 위쪽이 더 많다./그걸 푹푹 퍼서 풋나물에 비벼 먹고//통김치 찢어서 넘기고/나물국 후루룩./고봉 밥 희딱 한 그릇.//"끼루룩."/트림이 난다./이제 농사꾼 배가 찬 것.//"끼룩, 했으니 됐네./농사꾼은 밥심이야!"

(신현득, 「밥심」 전문)

신현득의 초기 작품인 「옥중이」와 이번 동시집에 수록된 「밥심」은 또 어떠한가. '밥'과 '노동'에 대한 숭고한 믿음은 같지만 강렬한 후폭풍은 사라졌다. 자상한 설명이 폭풍을 잠재웠다. "쾅당!"에서 "끼루룩."으로 옮겨갔다. …이러한 변화를 어떻게 받아들여야 할까.

"여기(동시집 『만세 100년에』) 53편 시작품이 모두 만세의 뜻을 지니고 있다. 큰 재미 안에다 자연 사랑, 생명 사랑, 내것 사랑, 세계 사랑, 인류 사랑을 담고 있다. 만세의 본뜻이 그러했다. 어린이 독자를, 바른 생활, 바른 길로 이끌기 위해 바른 목소리를 담았다."

('시인의 말' 중에서)

'시인의 말' 중에서 키워드를 찾는다면 '큰 재미'와 '바른 목소리'가 아닐까 싶다. 학생들이 재미를 느낄 수 있도록 교육을 할 때에 시(詩)를 활용하라는 이야기는 중국 송나라의 학자인 정이(程頤)의 글에서도 쉽게 만날 수 있다.

"배우는 사람을 지루하게 만들어서는 안 된다. 아무리 옳은 가르침을 주더라도 지루하고 재미없게 가르치면 좋은 결과를 얻을 수 없기 때문이다. 그러므로 적절한 노래나 율동을 곁들이는 등 교육하는 방법에 대해서도 연구해야 한다. 시(詩)를 들려주고 노래 부르게 하는 것도 좋은 방법이다. 아침에 일찍 일어나 어른들에게 인사하고 집안을 깨끗하게 청소하는 등의 내용으로 시를 지어 부르게 하는 것도 하나의 방법이 될 수 있을 것이다."

「문구멍」과 「옥중이」는 '재미가 있는' 작품일까 아닐까. 받아들이는 사람에 따라 다를 수 있겠지만 나름대로 정리하자면, "드러난 내용은 쉽지만 그 쉬움이 오히려 해석의 여지를 많이 남겨 작가가 의도하지 않은 많은 것들이 스며들게 되었고 그런 이유로 독자마다 서로 다른 감흥을 얻어가게 된다."가 아닐까 싶다. 시인은 바로 그 지점이 아쉬웠을 수 있다. 어느 글에서 신현득 시인은 「문구멍」에 대해 이렇게 이야기하기도 했다.

"스무 글자가 되지 않는 이 작품은 피나는 작업 끝에서 이루어진 것인데 (중략) 지금 와서 생각하면 이런 작품을 쓰기 위해 그와 같은 힘을 들였던가 싶은 마음뿐이다. 이 작품의 짜임새나 깊이가 대단하지 못한데도 실망이 되지만 지금 같으면 단 몇 시간 만에 써버릴 것을 몇 달을 두고 머리를 짜내던 일이 우습게만 여겨지는 것이다."

시인은 자신이 의도하는 정확한 지점에 독자가 도착하기를 원하는 것은 아니었을까. 시(詩)가 지도(地圖)라면, 해석의 여지가 많은 지도는 엉터리 지도가 된다. 그렇기에 시인은 더욱 세심하게 지도를 만들었고 그러한 결과물이 오늘 우리가 만나게 된 『만세 100년에』가 아닐까?

3.

산 위에서 보면/학교가 나뭇가지에 달렸어요.//새장처럼 얽어놓은 창문에/참새같은 아이들이/쏙 쏙/얼굴을 내밀지요.//장난감 같은 교문으로/재조잘 재조잘/떠밀며 날아 나오지요.

(김종상, 「산 위에서 보면」 전문)

밤하늘 가득하게/반짝이던 별 무리//날이 새자 모두가/땅으로 내려왔네//아침 풀밭 가득히/반짝이는 이슬방울.

(김종상, 「별 무리」 전문)

김종상의 「산 위에서 보면」은 1960년 서울신문 신춘문예 동시부문 당선작이다. 「별 무리」는 2019년에 출간한 동시집 『다람쥐의 수화』에 수록된 작품이다. 60년의 시간이 흐르는 동안, 김종상의 작품이 얼마나 크게 변화했는지 한눈에 파악할 수 있다. 저 멀리 높은 산 위에서 바라보던 시인의 위치가 땅으로 낮게 내려왔다. 멀리서 바라보던 것에서 벗어나 땅으로 직접 내려와 가장 낮은 곳에서 풀과 함께 축축하게 엎드린다.

앞산과 뒷산이/마주 앉았다.//하늘이 한 뼘/해가 한 발자국에 건너뛰었다.//햇볕이 그리워/나무는 목만 길고//바위도 할 일 없어/서로 등을 대고 누웠는데//토끼길만한 꼬불길이/갈팡질팡 산마루를 기어넘고//버섯같이 쪼그린 초가집 속에/발가벗은 아기는 산새처럼 자라고//다래가 맛이 들고/도토리가 맛이 들 무렵이면/엄마는 하루 종일 산에서 살았다.

(김종상, 「산골」 전문)

집을 나설 때는/빵, 과자, 음료수 등을/무겁게 지고 가는데//돌아올 때는/들꽃, 바람, 새소리를/가볍게 메고 온다.

(김종상, 「소풍 배낭」 전문)

「산골」은 1959년 《새벗》 7주년 기념 현상공모전에서 입선을 차지한 작품이다. 2019년의 「소풍 배낭」과 어떻게 달라졌나. 가볍게 변했다. 앞산과 뒷산, 햇볕과 나무, 바위와 꼬불길, 아기와 엄마… 전방위(全方位)로 퍼져나가던 이미지들이 집으로 오는 길의 '소풍 배낭'처럼 가벼워졌다. '들꽃, 바람, 새소리'뿐이다. 이러한 변화는 무엇을 의미하는 것일까.

"나는 53년간이나 교단에 있으면서 말은 인성의 뿌리라고 보고 말씀이나 말씨가 고우면 행동도 착하고 얼굴도 예뻐진다고 가르쳐 왔습니다. 그래서 동시도 그런 생각의 연장선상에서 써왔습니다. 문학이 교훈적이어서는 안 된다거나 어떤 목적을 가져서는 좋지 않다고 생각하는 사람들도 있습니다. 그러나 나는 내가 쓴 글이 독자에게 무엇을 줄 것인가를 항상 염두에 두고 있습니다. 내 글이 어린이들에게 좋은 인연과 환경이 되길 바랄 뿐입니다."

('시인의 말' 중에서)

김종상 시인의 '시인의 말'은 앞서 살펴본 신현득 시인의 '시인의 말'과 비슷하게 다가온다. 비슷한 연배에 비슷한 시기에 등단한 두 시인의 지향점이 비슷하다는 것은 이상한 일이 아닐 것이다. 그러나 작품의 모습은 크게 다르다. 추구하는 방향은 비슷한데 드러나는 작품이 다른 이유는 무엇일까.

신현득 시인은 더 세심하게 설명하고 이야기(story)를 만들어 제시하거나 시작점에서 목적지까지 이어지는 작은 골목길까지 상세하게 묘사하여 길을 잃지 않게 배려한다면, 김종상 시인은 더 무심하게 그리고 더 뭉툭하게 넘어가고 있다.

4.

"어린이를 가르치는 것은 나에게 이익을 가져온다. 스스로 자신을 돌아보고 잘못된 점이 없는지 다시 생각해보는 계기를 마련해주는 것은 물론이고 아이들을 가르치기 위해 외출을 삼가게 되니 이것이 첫 번째 이익이다. 다른 사람을 가르치려면 현재 내가 알고 있는 것이 명확하고 분명해야만 한다. 확실하게 알지 못하면 가르쳐줄 수 없기 때문이다. 그러므로 아이들을 가르치다보면 스스로 학문의 깊이를 더할 수 있다. 이것이 두 번째 이익이다. 아이들 앞에 서려면 몸을 단정히 하고 자세도 바르게 잡아야 한다. 이것이 세 번째 이익이다. 그리고 내가 자칫 실수하여 잘못 가르치면 아이들을 망칠 수 있기에 항상 조심하며 자신을 성실하게 가다듬어야 한다. 이것이 네 번째 이익이다."

위에서 언급한 송나라의 철학자 장재의 말이다. 장재의 말처럼, 두 시인은 네 가지 이익으로 자신과 자신의 문학을 다듬어왔다. 신현득 시인과 김종상 시인이 등단 60주년을 맞이하여 나란히 동시집을 출간한 것은 매우 뜻깊은 일이다. 게다가 신작을 모아서 묶은 시집이기에 더욱 빛난다. 동시문단의 경사가 아닐 수 없다. 그러나 단순히 경사스러운 일이라고 하고 넘길 수만은 없다. 두 시인이 보여주는 같은 듯 다른 작품 세계는 우리들에게 많은 생각을 하도록 만들어준다. 문학과 예술, 교육과 감동, 시인의 의도와 독자의 해석, 세심함과 무심함….

팔순(八旬)이 넘어선 나이에도 이토록 다양한 생각을 하도록 도와주는 시집을 낼 수 있다는 것 자체가 우리 동시단의 자랑이 아닐 수 없을 것이다. 앞으로 두 시인이 또 어떤 변화를 이어갈 것인지 기대감이 생기기도 한다.

두 시인에 대한 문학적 판단은 아직 유보되어야 한다. 이들의 작품은 지금도 용틀임하며 변화하고 새롭게 재탄생하는 몸부림을 보이고 있기 때문이다. 장재가 말한 '네 가지 이익'에 하나를 더한다면 독자인 우리가 얻는 이익이 아닐까 싶다.

"집으로 잘 돌아왔어요,
어머니."

최영재 동시집 『마지막 가족 사진』(지경사, 2016.5.)
『우리 엄마』(아침마중, 2020.3.)

1. 시서역(詩書易)

    유가(儒家)에서는 '시서역(詩書易)'을 중하게 여긴다. 시(詩)는 사람들이 부르는 노래의 노랫말을 뜻하고 서(書)는 역사를, 역(易)은 미래를 예측하는 것을 말한다. 각각 책으로 말한다면 《시경(詩經)》, 《서경(書經)》, 《역경(易經)》 이라 할 수 있다.
    '시서역(詩書易)'은 세상을 바르게 하기 위한 도구로 사용되었다. 특히 시(詩)는 요즘과 그 의미가 조금 달랐다. 고대 중국의 주(周)나라에는 민간의 노랫말을 수집하고 다니는 관리가 있었는데 이를 가리켜 '채시관(采詩官)'

이라 했다. 글자 그대로 시(詩) 채집하는 관리를 의미한다. 나라의 관리가 왜 민간의 노랫말을 채집했던 것일까. 민간의 노래를 통해 여론을 읽으려는 노력이었다. 태평성대에는 정치가 조화롭기 때문에 사람들의 노래가 평안하고 즐거운 반면, 어지러운 시대는 정치가 편향되어 사람들이 모두 괴로워하기에 노래도 원망스럽고 노엽다고 생각했다. 그러므로 권력자는 당시 유행하는 노래를 통해 자신이 바른 정치를 펴고 있는지 살펴보았던 것이다.

시(詩)에 시대정신이 없으면 올바른 시(詩)라고 할 수 없는 이유가 여기에 있다. 민중들의 삶과 유리된 음풍농월(吟風弄月)의 시(詩)에는 사회를 바르게 이끄는 힘이 없다. 이러한 것은 동시(童詩)라고 해서 다르지 않을 것이다. 시대정신은 진실하고 솔직한 삶의 진술에 고스란히 묻어나게 되며 진솔한 삶에 대한 시선은 역사에 대한 올바른 인식에 기초해야만 갖출 수 있다. 그 두 가지가 합해지면 미래에 대한 예측이 가능해진다. '시서역(詩書易)'이 중요한 이유다.

최근 동시집 『우리 엄마』를 펴낸 최영재 시인의 작품을 보며 새삼스럽게 유가(儒家)의 '시서역(詩書易)'을 되새기게 된다.

2. 채시관(采詩官)

중국 당(唐)나라의 시인 백거이(白居易)가 쓴 「채시관(采詩官)」을 살펴보자.

시를 모으는 이유는 사람들의 말을 들어보기 위해서지/시로 말하는 사람에게는 죄를 묻지 않았고 오직 듣는 사람만이 두려워했다네/그렇게 아래로 흐르고 위로 통해 세상은 태평하게 되는 법인데/주나라 이후에 채시관(采詩官)

이 사라졌지/그러자 노래는 온통 임금을 찬미하는 가사로 가득하고/임금에 대한 칭찬과 아첨하는 말만 넘쳤다네/비유와 풍자로 세상을 바르게 알려주는 글은/아무리 눈을 씻고 찾으려 해도 찾을 수 없다네/(중략)/임금의 눈은 대궐 담장을 넘지 못하여 아무 것도 보지 못하니/탐관오리들은 백성들을 괴롭히면서도 거리낌이 없구나/임금이시여 임금이시여 이 사람 말을 좀 들어보소/눈과 귀를 가린 것을 치워버리고 싶다면/먼저 사람들의 노래를 듣고 시를 읽어보시길

높은 자리에 혹은 깊은 궁궐 속에 자리하던 권력자는 이제 사라졌다. 1인 혹은 일부 소수의 사람이 독점하던 권력을 이제는 모든 민초들이 나눠 갖고 있다. 그렇다면 주나라 시절의 채시관은 이제 필요가 없는 것일까. 아니다. 민초들은 각자가 개인주의의 성(城)에 갇혔다. 소통하지 못하고 자기만족에만 매달려 더욱 궁핍해졌다. 백거이가 노래한 것처럼, 진실이 아니라 듣고 싶은 것만 들으려 한다. 현실이 아니라 보고 싶은 것만 보려고 한다.

이러한 시절에 최영재 시인의 동시집 『우리 엄마』와 『마지막 가족 사진』은 어둠 속의 촛불처럼 반짝인다.

두 시집은 모두 최영재 시인의 개인사에 근거한다. 전쟁과 함께 이뤄진 아버지의 납북, 그리고 졸지에 어린 3남매를 홀로 키우며 살아야했던 어머니와 그 가족의 이야기이기 때문이다. 그러나 그 진술이 솔직하고 진실하기에 개인사에 머물지 않고 시대의 정신을 품는 힘을 지니고 있다. 게다가 그런 삶의 기초에는 우리 민족 전체가 간직한 역사적 사실이 자리하고 있기에 울림이 깊다. 그 둘이 어우러지니 미래를 내다보는 혜안까지 갖추게 되었다. 힘든 삶 속에서 시(詩)를 캐내는(采) 작업을 통해 미래의 희망을 도출해내는 힘을 지니게 된 것이리라.

3. 시(詩) 그리고 서(書)

코피가 나도 안 운다/자치기를 하다 막대기에 얼굴을 맞아도 안 운다/산에서 놀다 비탈에 나뒹굴어도 안 운다//그런데 해마다 선생님이/가정 환경 조사하시다가/"아버지가 안 계시니?" 물으시면/눈물 글썽이다가 영락없이 엉엉 운다//"예끼, 불알 깔 놈."/선생님이 달래 주셔서/겨우 울음을 멈춘다.

(최영재 「울보」 전문)

맨발로 공을 차다가 못에 찔렸다/"엄마, 피가 많이 나면 죽는대."/"아버지를 만나고 죽어야지. 참아라."//우유 가루를 찬물에 너무 많이 타 먹고 설사를 했다/"엄마, 배 아파 죽겠어."/"아버지도 못 보고 죽을 순 없지. 참아라."//학교에서 짝꿍이 아버지 없는 애라고 놀렸다/"엄마, 아버지는 언제 오셔?"/"아버지는 늘 집에 있다. 네 몸속에 살아계시다. 참아라."//아버지가 가르치는/끝없는 참기 연습.

(최영재 「참기 연습」 전문)

시(詩)와 서(書)가 종횡으로 섞이며 작품을 만들어낸다. 어제가 가져온 오늘이 교차되며 진솔한 삶을 있는 그대로 보여준다. 불행과 슬픔이 쉬지 않고 다가오지만 독자는 불행과 슬픔에만 빠져들지는 않는다. 불행과 슬픔 속에서 강해지는 근력(筋力)을 발견할 수 있기 때문이다. 마음에도 근육이 있다. 고통을 감수하며 단련한 근육은 단단하고 유연하다. 마음의 근육도 마찬가지다.

마카오 천으로 맞추셨다는/아버지의 회색 양복//아무도 몰래/아버지 옷을 입고/거울 앞에 서 본다//소매가 흔들흔들/어깨 허리 품도 헐렁헐렁//아버지가 나를 안아 주고 계신데/나는 아버지를/꼭 끌어안지 못한다.

(최영재「아버지 옷」전문)

네 살배기였던 귀염둥이 둘째야/장하다/축하한다//가난한 이웃에게 친절히 대하거라/아무리 슬퍼도 울지 말고 이겨내라/희망과 용기를 잃지 말아라//북으로 끌려간 아버지가/매일 오셔서/매일 커가는 아들에게/매일 가르쳐 주신다.

(최영재「초등학교를 졸업하는 내 아들에게」전문)

부재(不在)의 아버지가 더 힘이 세다. 그리움의 크기만큼 가르침의 무게도 깊어지기 때문이다. 이런 마술같은 일이 벌어질 수 있는 이유는 '어머니' 때문이다. '어머니'는 언제나 '바로 지금' 속에 존재하고 아버지는 '과거의 역사' 속에 존재한다. 시인과 아버지 사이를 연결시켜주는 힘은 어머니가 지니고 있다. 시인이 '시(詩)'라면 아버지는 '서(書)'다. 그 사이를 단단히 연결시켜주는 어머니는 무엇인가. 어머니는 미래로 나아가는 힘을 지닌 '역(易)'이다.

4. 역(易)

보통학교 등굣길에 주저앉아 쉬다 가던 약한 아이/삼 남매의 엄마 되고 전쟁 때 지아비 빼앗기고/새끼 새 세 마리 내가 먹여 살려야 한다/이를 깨물자 온 몸도 이를 악물었다.//밤 늦도록 삯바느질/옷 장수, 참기름 장수/산에서 종일 땔나무 해 오고/왕겨 풍구질 연기 매워 주먹 눈곱 매달고/수챗구멍 막히면 대나무로 뚫어 호미로 후벼내고/망가지는 헌 집, 망치질 톱질로 힘겹게 고치고//호사스럽게 아파서 누울 틈이 어디 있나?/몸은 저도 살아야겠기에/알아서 쇳덩이가 된다.

(최영재 「쇳덩이」 전문)

엄마는/엉킨 명주실이나/헝클어진 털실 뭉치의/실마리를 찾아내어/실과 실 사이를 요리조리 비집고/나갔다 들어왔다//꼬인 데서 당기고 돌리고 늘이고 풀어내어/한참만에/둘둘 감긴 실타래로 만들기 선수다./엄마의 놀라운 재주/끝없이 엉키고 꽉 막힌 길 혼자 매일 걷다가/엄마 스스로 터득한 슬픈 능력.

(최영재 「실타래」 전문)

연약한 여인이 쇳덩이로 변한다. 이것이 어떻게 가능한가. 주어진 상황에 최선을 다하면 가능해진다. 그것이 역(易)의 가르침이다. 간절하게 바라되 조급하게 나아가지 않고, 애절하지만 구차하지 않은 꼿꼿함을 유지하고, 이익을 원하지만 타인을 먼저 배려하는 경(敬)을 붙잡는 것, 어머니는 그것을 말이 아니라 행동으로 보여주며 미래를 열어간다.

마치 《장자(莊子)》에 등장하는 '포정(庖丁)'이 소를 잡는 모습을 떠올리게 만든다. "저는 쇠가죽과 고기, 살과 뼈 사이의 커다란 틈새와 빈 곳에 칼을 놀리고 움직여 소의 몸이 생긴 그대로 따라갑니다. 이제까지 아직 한 번도 칼질을 실수하여 살이나 뼈를 다치게 만든 적이 없습니다. 솜씨 좋은 사람은 1년 만에 칼을 바꾸고 평범한 보통 사람은 달마다 칼을 바꾸는데, 이는 무리하게 뼈를 가르기 때문입니다. 그렇지만 제 칼은 19년이나 되어 수천 마리의 소를 잡았지만 칼날은 방금 숫돌에 간 것과 같습니다." 포정의 말이다. 그러나 "꼬인 데서 당기고 돌리고 늘이고 풀어내"는 엄마의 놀라운 능력에 비하면 초라하게 느껴진다.

해거름/나무 한 짐 등에 지고 걸어오는데/길 가운데 뱀 한 마리 혀를 날름거린다.//'눈앞에서 남편을 빼앗겼는데 나 뭐가 무서우랴!'/엄마가 바지 아랫단을 여미고/새빨간 저녁놀 노려보며 성큼 지나가니/뱀은 스르르 도망간다.

(최영재 「저녁놀」 일부)

뒷마루 천장 두꺼비집 뚜껑이 덜렁덜렁/팔 뻗어 뚜껑 닫다가 발을 헛디뎌/엄마가 1미터 아래 아궁이로 쿵 떨어졌다.//머리를 돌에 부딪혀 시뻘건 피 철철철/동생은 놀라 형을 끌어안고 엉엉 우는데/흙투성이 엄마는 저고리를 다 적셔 피를 닦고/병원에 가서 10바늘 꿰매고 왔다.//하얀 붕대 머리 보고 우리가 또 울먹이니/"꿰매서 낫는 상처라면 1000바늘도 꿰맨다./엄마는 절대로 안 죽어. 울지 마라."/그렇게 피를 많이 흘리고 엄청 아플 텐데/엄마는 아무 일 없었다는 듯/부엌으로 어정어정 들어갔다.

(최영재 「엄마는 꿈쩍 안 했다」 전문)

『우리 엄마』에 등장하는 엄마는 시인의 엄마에 한정되지 않는다. 그저 '우리 엄마'다. 동학운동에 참여한 어느 장정의 엄마이고 일본제국의 전쟁터에 끌려간 어느 소년의 엄마이기도 하다. 아니 엄마 너머의 엄마다. 모든 것이 꽝꽝 얼어버리는 추운 겨울에도 새싹의 희망을 깊은 곳에 소중하게 간직하고 있는 대지(大地)이며 홍수로 모든 것이 쓸려갈 때에도 뿌리로 땅을 움켜쥐고 버티는 노송(老松)이다. 누웠다가도 다시 일어나는 풀이며 흙탕물에 넘어졌더라도 '에잇 이미 버린 몸'이라고 포기하지 않고 다시 벌떡 일어나 정갈하게 몸을 닦고 다시 시작하는 꿋꿋한 소년이다. 가장 어두울 때 서서히 일어서는 이른 아침 태양이고 추운 날 꼭 안아주는 이웃이다. 양심을 지니고 있고 희망을 잃지 않는 우리들 모두가 엄마다. 오늘 실패했더라도 희망을 잃지 않고 "아무 일 없었다는 듯" 당당한 얼굴로 세상을 향해 "어정어정" 걸어가는 힘이다.

5. 희망과 믿음

- 딩동/현관문 열면/단골 택배 직원은 책을 내밀고 빙긋/"아버지세요?"//상자에 적힌 수신인은 우리 아들이고/현관문을 연 내가 아버지냐고 묻는 것만 같다//네 살 때 납북되셔서/"아버지!"하고/불러 본 기억이 없는 아버지//정말 아버지가 내게 보내 주신 책 선물일까?

(최영재 「택배 직원」 일부)

처음 와 본 낯선 전철역/안내 글씨 따라 화살표 방향 따라/낯선 계단 오르고 내려/정확한 출구로 나왔어요//이럴 때면 꼭 생각나는 어머니/처참한 가난 속에서도 학교에 보내 주셔서/글을 익히고/방향과 거리감도 배우게 하셨죠//'세상길 걸어가다/이상한 길 나와도 겁내지 말거라.'//오늘도 복잡한 길 지나/집으로 잘 돌아왔어요, 어머니.

(최영재 「어머니 덕분에」 전문)

아들은 아버지가 되었고 어머니의 용기와 지혜는 아들의 몸에 고스란히 쌓였다. 그리고 그 모든 것들은 다시 후손들에게 전해지리라. 최영재 시인이 말해주는 『마지막 가족 사진』과 『우리 엄마』는 역사적 맥락 속에 시대의 아픔을 고스란히 전하며 이를 통해 극적인 반전을 이룬다.

모든 이들이 "오늘도 복잡한 길"을 지나는 중이다. 넘어지기도 하고 방황도 할 것이다. 그러나 결국은 "집으로 잘" 돌아올 것을 믿는다. "세상길 걸어가다/이상한 길 나와도 겁내지 말거라." 엄마 목소리를 잊지 않는다면 우리는 모두 그렇게 잘 돌아올 것이다. 그런 희망과 믿음을 최영재 시인의 작품을 통해 확인할 수 있다. 우리 모두 무사히 집으로 돌아와 이렇게 말하자. "집으로 잘 돌아왔어요, 어머니."

2부

천장부(賤丈夫)와
대장부(大丈夫)

그 사이에 동시가 있다

천장부(賤丈夫)와 대장부(大丈夫)

어른과 아이, 세상과 나,
그 사이에 동시(童詩)가 있다

이재순 동시집 『발을 잃어버린 신』(아동문예, 2020.7.)
한상순 동시집 『세상에서 제일 큰 키』(걸음, 2020.5.)

1.

바다를 향해 흘러가는 강물 위에 배가 떠 있다. 사공은 물을 거슬러 노를 젓는다. 강물이 흘러가는 힘과 배가 움직이는 힘이 균형을 유지한다면, 배는 일정한 위치에서 그대로 머문다. 강물은 흐르고 사공은 힘들여 노를 젓고 있지만 배의 위치는 변하지 않는다.

우리네 삶을 위에서 이야기한 배의 움직임으로 표현하기도 한다. 나태해지면 흐르는 물결에 휩쓸려 사라진다. 과욕을 부려 무리하게 물살을 거슬러 올라가다보면 힘을 소진하여 쓰러진다. 그렇기에 옛 선배들은 '중

(中)과 화(和)'를 강조했다. 물결에 휘말리지도 않고 과도하게 거스르지도 않는다.

제자리에 가만히 있으면 퇴보 아니냐고? 아니다. 삶이란 여기서 저기로 가는 여행이 아니라 지금 이 자리에서 자신을 가다듬는 과정이라고 말한다. 자신을 가다듬어 자신을 점점 크게 키우면 어디로 가지 않아도 결국 여기가 저기와 연결되고 모두를 하나로 품어내는 '큰 나'를 만들 수 있게 된다. 맹자가 말한 '온 세상에 가득 찬 넓고 큰 기운' 즉 '호연지기(浩然之氣)'를 키워가는 과정이 삶이라는 뜻이다.

2.

바른 길/굽은 길/넓은 길/좁은 길//학교 가는 길/시장가는 길//길은/마을을 묶고/도시를 묶고/마음을 묶는다.

(이재순 「길」 전문)

흘러가지도 않고 거슬러 오르지도 못하는 것은 정체(停滯)를 의미하는 게 아니다. 안정을 유지하며 나를 가다듬는 수신(修身)의 과정이다. 그 과정을 통해 모든 길이 서로 연결됨을 깨닫는 것이다.

"안정을 유지하는 이유는 현재의 그 자리에 집착하여 억지로 머무는 것이 아니라 그 자리에 있는 것을 편안하고 즐겁게 여기기 때문이다. 한쪽으로 치우치지 않도록, 넘치거나 모자라지 않도록, 항상 조심하는 마음이 안정을 유지하는 힘이다."

중국 송나라의 철학자 주희의 말이다. 《중용(中庸)》에 나오는 '계신공구(戒愼恐懼)'와 '신독(愼獨)'의 중요성을 강조하는 말이기도 하다. '계신공구(戒

慎恐懼)'는 경계하고 삼가며 조심하고 두려워하는 것을 말하며 '신독(愼獨)'은 홀로 있을 때에도 올바름에서 벗어나지 않도록 조심함을 뜻한다.

혼자 집에 있으니/입도 없는 물건들이/말을 걸어오네//수도꼭지 또옥 똑!/옷장 문이 삐익 삑!

(이재순 「집 보는 날」 일부)

또각또각/시계 발자국 소리//귓전에서/뚜벅뚜벅//시간 가는 소리가/이렇게 크다니!//방안에/가득한/발자국 소리.

(이재순 「잠이 오지 않은 밤」 전문)

홀로 있을 때 조심하고 함부로 하지 말아야 하는 이유가 여기에 있다. 홀로 있다는 것은 벽을 치고 은둔하는 게 아니다. 평소에 듣지 못하던 소리, 평소에 보이지 않던 것들을 듣고 보기 위함이다. 온전히 홀로 있을 때, 오히려 모든 것과 연결되는 깨달음을 얻을 수 있는 순간을 맞이할 수 있다.

"광활한 우주를 포함하여 이 세상의 모든 것은 나와 연결되어 있다. 모든 것이 바른 이치를 통해 생겨났기 때문이다. 그러므로 같은 부모를 지닌 형제자매와 같다. 내 마음을 바르게 가다듬으면 세상 전체가 바르게 되는 이유가 여기에 있다. 내 마음이 부드러워지면 세상 전체가 부드러워진다. 내가 정성을 다하면 이 세상 전체가 정성스러워진다. 바른 이치는 밖에서 찾는 게 아니라 내 마음속에서 찾는 것이다. 세상을 바르게 만드는 것은 내 마음을 바르게 만드는 것에서 출발한다. 사람이 마땅히 걸어가야 할 올바른 길과 바른 이치는 내 마음에서 구하는 것이다. 나와 세상은 서로 따로 떨어져 존재하는 게 아니다. 서로 한 몸처럼 붙어 있는 것이다."

송나라의 학자 주희의 말이다. 주희의 복잡한 설명을 시인은 몇 구절의 시로 완성시킨다.

큰길 가운데/나뒹구는 꽃신 한 짝//보자마자/마음이 짠하다//순식간에/발을 잃어버린 신//얼마나 놀랐을까//발 걱정에/안절부절 못하는 신.

(이재순 「꽃신 한 짝」 전문)

모롱이 돌 때마다/궁금해집니다//보이지 않는 모롱이 뒤/무엇이 있을까//궁금해 다시 돌면/또 모롱이//모롱이 너머 너머/세상이 궁금해//오늘도 나는/새로운 모롱이를/찾아갑니다.

(이재순 「모롱이」 전문)

연결되었기에 궁금하다. 연결이 되지 않았으면 관심도 갖지 않았을 것이다. '계신공구(戒愼恐懼)'와 '신독(愼獨)'으로 나를 가다듬어 세상을 품으면 궁금하지 않은 게 어디 있으랴. 이재순의 동시집 『발을 잃어버린 신』은 수신(修身)의 과정이다.

3.

뿌리를 내렸다//이리저리 뒹굴지 않게/떼굴떼굴 구르지 않게//꽃나무처럼/꽃은 못 피워도//과일나무처럼/열매는 못 달아도//다람쥐 식탁도 되고/비둘기 의자도 되라고//'끙'하고/뿌리에 힘을 준다.

(한상순 「돌부리」 전문)

휩쓸리지 않으면서도 거스르지도 않을 수 있는 힘은 든든한 뿌리에서 나온다.

"사랑하는 마음이 지나치면 탐욕스러워지고, 올바름을 주장하더라도 너무 강하게 나아가면 사람을 해치게 되며, 너무 지나치게 공손한 자세는 비굴해지거나 아첨이 되기도 한다. 깊이 생각하여 일을 처리할 때에도 지나치게 성공에만 집착하면 잘못된 방법을 사용하게 된다. 이처럼 그 시작은 바른 이치에서 출발했더라도 중간에 길을 잃어 사사로운 욕심으로 흘러가게 되는 것이다. 그러므로 수시로 뿌리를 잘 살펴 바른 이치에서 벗어나지 않도록 해야 한다."

조선의 학자 이이의 말이다. 뿌리는 어디에 있는가. 성공하겠다는 다짐이 아니라 바른 길을 잃지 않겠다는 다짐에 있다. 꽃을 피우거나 열매를 맺는 결과에 매달리는 게 아니라 물의 흐름과 어우러지는, '중(中)과 화(和)'를 통한 적절한 방법을 찾아가는 과정이 뿌리다.

찻길인 줄/빤히 알고도//칡넝쿨이/길가로 뻗어 나온다.//죽어도 좋다고/목숨 걸고 나온다.

(한상순 「고집불통」 전문)

올바른 이치에 단단히 뿌리를 박고, '중(中)과 화(和)'를 통해 적절한 방법을 찾았다면 이제는 실천이 남았다. 성공과 실패는 애초에 염두에 두지 않았기에 상관하지 않는다. 그래서 "죽어도 좋다"는 심정으로 쭉쭉 "뻗어 나온다".

이 작품에 나오는 칡넝쿨은 공자와 닮았다. 《논어(論語)》에 나오는 이야기 하나를 살펴보면 무릎을 칠 것이 분명하다.

어느 날, 공자의 제자인 자로가 '석문(石門)'이라는 곳에 도착하여 하룻밤을 지내게 되었을 때의 일이다. 석문을 지키는 문지기가 자로에게 '당신은 누구인가?'라고 물었다. 이에 자로가 '나는 공자의 제자인 자로라고 한다.'고 대답하자 문지기가 고개를 끄덕이며 이렇게 말한다. "아, 공자? 안 되는 줄 뻔히 알면서도 계속 하려고 달려든다는 그 사람 말이오?"

공자는 결과보다 과정을 중요하게 여긴다. 더 나아가 그에게는 '공부의 완성'도 존재하지 않는다. 매일 새롭게 혁신하는 과정 자체가 학문이며 올바른 삶이라 여기기 때문이다. 우주에 끝이 없는 것처럼 학문에도 끝이 없다고 말한다. 성공과 실패는 중요한 것이 아니다. 그렇기에 옳다는 판단이 내려지면 성공과 실패를 생각하지 않고 쭉쭉 "뻗어 나온다". 그러니 "안 되는 줄 뻔히 알면서도 계속 하려고 달려든다는 그 사람"이 되는 것이다.

봐라!//오늘 아침 저 틈새/큰일을 해냈다.//노란 민들레/노란 씀바귀//저 꽃 피우느라/제 몸 더 갈라져 아팠을/틈새.//햇볕 한 줌/빗물 한 모금//절대/허투루/쓰지 않아/틈새는.

(한상순 「틈새정신」 전문)

"안 되는 줄 뻔히 알면서도 계속 하려고 달려든" 결과는 어떠한가. 성공이라고? 그런데 자세히 살펴보면 이것은 틈새의 성공이 아닌 것처럼 느껴진다. 노란 민들레와 노란 씀바귀가 피었을 뿐이지 않은가. 틈새는 더 갈라졌고 더 아팠다. 그럼에도 불구하고 틈새의 성공으로 우리가 생각하는 이유는 무엇인가.

연결되어 있기 때문이다. 틈새와 노란 민들레, 노란 씀바귀는 서로 연결되어 존재한다. 어디 그것뿐이랴. 햇볕과 빗물도 그들과 연결되지 않았는가. 삼라만상(森羅萬象)이 연결되어 조력하니 꽃이 피어났다. 그렇기에 '누가' 성공했는가는 중요하지 않다. 모두를 성공시키기 위해, 자신의 이익이 아니라 모두의 이익을 생각한 틈새의 정신이 중요할 뿐이다.

> 시골 할머니네/큰 대문./늘 열려있지.//닫는 것도 자기 일이란 걸/잊은 지 오래.//우리 아파트/철 대문./늘 닫혀있지.//열어놓아도 된다는 걸/잊은 지 오래.
>
> (한상순 「두 대문이 만난다면」 일부)

한상순의 동시집 『세상에서 제일 큰 키』는 닫힌 문과 열린 문의 만남이다. 단단히 고정된 뿌리는 쭉쭉 뻗어나가는 가지를 막지 않는다. 도와준다. 뻗어나가는 가지는 뿌리를 부정하지 않는다. 뿌리에 의지한다.

배는 강물을 해하지 않고 강물은 배를 공격하지 않는다. 그 사이에 '중(中)과 화(和)'가 있다. 어른과 아이, 세상과 나, 그 사이에 동시(童詩)가 있다.

너의 눈으로
나를 보다

김미혜 동시집 『꼬리를 내게 줘』(창비, 2021.10.)
신흥식 동시집 『서로가 꽃』(브로콜리숲, 2021.10.)

1.

"늙은이와 젊은이는 서로 반대되는 점을 세 가지 갖고 있다. 늙은이는 젊은이와 달리 밤에 잠을 안 자며 낮잠을 좋아하고, 가까운 것은 못 보면서 먼 것은 보며, 손주는 몹시 아끼나 자식과는 소원하다."

조선의 학자 이기(李墍)의 말이다. 젊은이와 늙은이는 확연히 다를 수밖에 없다. 그것이 당연하다. 이것을 억지로 무시하거나 통합하려고 하면 문제가 생긴다. 다른 것을 인정하고 이해하고 배려해야 한다. 싸워서 굴복시킬 대상이 아니라는 뜻이다.

"젊은이는 늙은이의 입장에서 바라보고, 살아 있는 자는 죽음을 통해 삶을 보며, 실패를 바탕으로 성공을 보고, 시들어 초췌한 것의 입장에서 영화로움을 보라. 그러면 저절로 바르게 되리라."

중국 명나라의 학자 진익상(陳益祥)의 말이다. 상대적으로 약한 쪽의 눈으로 세상을 바라보라는 조언이다. 부자의 눈으로 가난한 사람을 보는 게 아니라 가난한 사람의 눈으로 부자를 보아야 한다. 성공한 사람의 눈으로 실패를 보는 게 아니라 실패한 사람의 눈으로 성공을 보라는 뜻이다.

우리는 선(善)의 반대말이 악(惡)이라고 생각한다. 그렇게 선과 악을 구분하려고 노력한다. 그러는 사이에 벽이 생기고 상대를 부정하려는 마음이 생긴다. 그러나 선(善)의 반대말은 악(惡)이 아니라 불선(不善)이다. 선(善)을 '착하다'는 의미로 이해하기도 하지만 더 정확하게 말하면 '올바르다'와 연결된다. 그렇기에 불교에서는 '유화선순(柔和善順)'을 하나로 묶어 이해하기도 한다. 부드럽고 화합하며 올바르고 순응한다는 것을 의미한다. 순응한다는 것은 폭력 앞에 무릎을 꿇는다는 의미가 아니라 자연의 질서를 거스르지 않고 따르는 것을 의미한다.

그렇게 하려면 무엇부터 시작해야 할까. 나의 눈으로 너를 보는 게 아니라 너의 눈으로 나를 보려고 노력하는 게 시작점이다. 그래야만 평화가 오고 안정이 온다.

2.

깜깜한 밤, 마을에 내려가/땅콩을 먹고 고구마를 먹고/젖을 채운 멧돼지//덫을 넘어서 총부리를 피해서/집으로 돌아와/어린 것 냄새 맡으며/따뜻한 젖을/새끼에게 물렸어/젖을 물린 채 잠이 들었어//그 멧돼지는 엄마였어//

그 밤, 집으로 돌아오지 못한/멧돼지도 누군가의 엄마였어

(김미혜, 「그 멧돼지도 엄마였어」 전문)

밭을 엉망으로 만들어놓는 멧돼지는 당연히 그에 상응하는 벌을 받아야 한다고 생각하는 사람도 있을 게다. 그러나 '그 멧돼지도 엄마였어'라고 생각하는 사람도 있어야 한다. 산속에 멧돼지가 먹을 것들을 사라지게 만든, 산속을 엉망으로 만들어놓은 사람이 그에 상응하는 벌을 받아야 한다고 생각하는 사람도 있어야 한다. 먹을 것이 부족해 밭으로 내려온 멧돼지를 악(惡)으로 몰아서는 안 된다. 땅콩을 먹고 고구마를 먹은 것은 사람들에게 해를 끼치려는 게 아니라 굶주린 새끼들에게 젖을 주기 위해서였다는 것을 알게 된다면 그 멧돼지의 행위는 선(善)한 것이며 순(順)한 것이라 할 수 있다. 시인은 사람의 눈으로 돼지를 보지 않고 돼지의 눈으로 사람을 보았다.

개, 개장수한테 끌려온/개가 줄을 끊고 숲으로 도망쳤어/개장수가 개, 개 판 사람을 데려와/개를 불렀어/개는 이름이 있었어//진돌아//진돌아, 밥 먹자//하얀 꼬리를 흔들며 나온 진돌이/저한테 밥을 주던/개, 개 판 사람 앞에/두 발 모으고 앉아/꼬리로 바닥을 쓸었어/백 개의 꼬리로 싹싹 빌었어//진돌이 목에 줄이 채워졌어/개 더운 여름

(김미혜, 「진돌아 밥 먹자」 전문)

진돌이는 저에게 밥을 주던 옛 주인 앞에 나타나 꼬리를 흔들었다. 진돌이는 '유화선순(柔和善順)'을 실천했다. 이를 어긴 쪽은 어디인가. '개 판 사람'이다.

〈논어(論語)〉에 나오는 한 대목을 살펴보자.

"자공이 공자에게 '정치에서 가장 중요한 것은 무엇입니까?'라고 묻자 공자는 '국방, 경제, 신뢰' 3가지를 언급했다. 이에 자공이 다시 '부득이하게 하나를 포기해야 한다면 3가지 중에 무엇을 먼저 포기해야 합니까?'라고 묻자 공자는 '국방'을 포기해야 한다고 말했다. 자공이 다시 '남은 2가지 중에 부득이하게 하나를 포기해야 한다면 무엇입니까?'라고 묻자 공자는 '경제'를 포기해야 한다고 말하며 이렇게 첨언한다. '백성들로부터 신뢰를 잃으면 무너지고 만다(民無信不立)'"

개는 신뢰했지만 사람이 신뢰를 버렸다. 시인은 개의 눈으로 사람을 보았다.

지붕 위에 쌓인 눈쯤/까짓것, 단박에 치울 거야/단단하게 다져진 눈도/까짓것, 거뜬하게//누가?/대체 누가?//"오늘은 영상 5도/추위가 풀리겠습니다"//오늘 날씨가/눈을 치울 거야

(김미혜, 「눈 치우기」 전문)

불신의 시대, '유화선순(柔和善順)'이 완전히 전도된 시대, 어떻게 해야 할까. 시인의 해결책은 다시 '유화선순(柔和善順)'이다. 스스로 반성하고 스스로 쇄신하고 스스로 갈고 닦아야 한다.

김미혜의 동시집 『꼬리를 내게 줘』는 나보다 낮은 곳에 위치한 약한 존재들에 대한 사과문이며 그들 모두를 보듬어 안는 포용이다.

3.

두리번두리번/두 눈도 못 찾은 꽃//벌름벌름/콧구멍이 찾은 꽃

(신홍식, 「향기」 전문)

밭가는 엄마 소/아기 소가 걱정입니다.//밭두렁에 아기 소/엄마 소가 걱정입니다.//엄마 소가 아기 소에게//아기 소가 엄마 소에게//아무 일 없다고//음머//음매

(신홍식, 「안부인사」 전문)

모든 감각은 활짝 열려 있어야 한다. 그래야 외부의 변화를 정밀하게 파악할 수 있다. 변화를 파악하는 것은 상대에 대한 배려이며 사랑이다.

눈이 찾지 못하면 코가, 코가 찾지 못하면 귀로 찾아야 한다. 빛깔도 향기도 소리도 모두 표현이다. 꽃의 표현이고 소의 표현이다. 속마음을 드러내는 수단이다. 눈 감고, 코와 귀를 닫고 있으면 불가능하다. 활짝 열려 있기 위해서 필요한 것은 무엇인가.

자신을 앞에 내세우지 않으면 눈이 떠지고 귀와 코가 열린다. 자신의 의식에 사로잡혀 있으면 눈도 감기고 코와 귀도 닫힌다. '유화선순(柔和善順)'이 바로 《논어》에 나오는 '끊어버린 네 가지', 공자의 '자절사(子絶四)'이다.

눈으로 찾지 못한 꽃을 찾을 수 있었던 이유, 밭가는 엄마 소가 밭두렁의 아기 소와 연결되는 이유는 나를 내세우지 않았기 때문이다. 상대의 표현을 이해하기 위해서 나를 낮추었기 때문이다. 타자를 이해하는 순간, 타자에게 나도 각인된다. 나를 가장 잘 드러내는 방법은 먼저 타자를 이해하는 것이다.

지난해/피었던 봉숭아//올해 또 왔습니다.//갔다/오는 길//참 멉니다.

(신홍식, 「봉숭아」 전문)

아파트 꽃밭에/언제 이사 왔는지//낯익은 얼굴들/옹기종기 모여 앉아//작은 마을 하나/만들어 놓았습니다.

(신홍식, 「민들레 마을」 전문)

타자를 이해하고 받아들이는 일은 결코 쉬운 일이 아니다. 그러나 반드시 이루어야 하는 일이다. 오래 걸려도 포기하지 않으면 반드시 이루어진다. 열린 상태를 유지하면 찾아와 마을을 만들기도 한다. 그렇게 모여서 '유화선순(柔和善順)'을 이룩하게 된다.

맹자가 "하지 않는 게 있어야 무엇인가를 이룰 수 있다."라고 말한 이유도 여기에 있다. 멀리 가지 말라는 것이다. 억지로 욕심 부리지 말라는 것이다. 그저 조용히 자신의 몸과 마음을 바르게 가다듬으라는 뜻이다. 그러니 무엇을 고집하고 무엇을 의도하겠는가. 마음을 활짝 열어 세상 모든 것과 소통하면 된다. 우주만큼 커진 내 마음에 민들레도 들어와 마을을 이루고 봉숭아도 돌아와 꽃을 피우니 이 얼마나 아름다운가. 이 얼마나 거대한가.

신홍식의 동시집 『서로가 꽃』은 내 마음을 우주처럼 크게 만들어주는 '호연지기(浩然之氣)'로 가득하다.

안으로부터 차오르다

오순택 동시집 『풀꽃과 악기』(아침마중, 2020.10.)
김동억 동시집 『그림말』(아침마중, 2020.9.)
박태현 동시집 『내 몸에 들어온 딸꾹새』(아동문예, 2020.9.)

1.

유학(儒學)에서 말하는 '공부'는 세상을 바르게 살아갈 수 있도록 해주는 지혜와 기술 모두를 통칭하는 말이다. 그러므로 선배 학자들이 조언해주는 '공부 잘하는 방법'은 삶의 지혜를 기르는 방법과 다르지 않다.

"스스로를 엄한 스승이라 생각하고 마음을 다스려라. 게으름에 빠지려고 하면 스스로 강하게 꾸중하며 깨우쳐주어라. 다른 사람은 잠시 속일 수 있지만 자기 자신을 속일 수는 없다. 그러므로 스스로 엄한 스승이 되어 마음을 바로잡으면 큰 효과를 볼 수 있다."

송나라의 학자 장재(張載)의 조언이다.

"깊이 생각하는 것은 우물을 파는 것과 같다(致思如堀井). 처음에는 흐리고 탁한 물이 나오기도 하지만 시간이 흐르면 점차 맑은 물이 나오게 된다. 생각하는 것도 이와 다르지 않다. 처음에는 집중하는 것이 어렵고 힘들어 혼탁하기도 하지만 포기하지 않고 계속 이어가면 명쾌해지는 순간이 온다. 그때까지 지치지 않고 성실하게 나아가는 힘이 필요하다."

외부의 물을 우물에 넣어 채우는 것이 아니라 안으로부터 차오르게 하라는 송나라의 학자 정이(程頤)의 충고는 시(詩)를 쓰는 사람들에게 매우 적절한 충고라고 할 수 있다.

2.

저 이쁜/종아리 좀 봐.//잘박잘박/세 살배기/아가가/맨발로 오네.

(오순택, 「봄비」 전문)

비가 내리면 우물도 채워진다. 그러나 빗물 그대로가 우물을 채우는 것은 아니다. 일단 대지를 적신 후 깊은 곳까지 내려가는 과정을 거쳐야 한다. 그런 긴 경로를 통해 우물을 채운다.

오순택 시인에게 다가온 '봄비'도 마찬가지다. 그저 눈으로 보는 비의 모습을 가져온 것이 아니다. 지난한 삶의 과정 속에서 경험한 것들이 비가 내리는 모습을 보는 과정을 통해 되살아났다. 내리는 비를 그대로 받은 세숫대야의 물과 대지를 흠뻑 적신 후 우물을 통해 길어 올린 물과는 차이가 있을 수밖에 없다.

코스모스/가느다란 꽃대 위에/분홍 접시 하나.//접시엔/향기 서너 숟갈.//
냠냠/먹고 있는/노랑나비.

(오순택, 「분홍 그리고 노랑」 전문)

어린 나뭇가지에/눈이 얹혀있다.//가지에 앉아있던/부리 고운 새가/포르르
날아가며/눈을 털어준다.//봄의 꽃망울이/맺히기 시작한 날.

(오순택, 「눈을 털어주다」 전문)

결정적인 순간을 포착해내는 시인의 시선이 매우 날카롭다. 그러나 이 것이 단순한 '순간 포착의 기술'로 파악하기에는 무엇인가 아쉬움이 있다. 극히 짧은 순간의 이미지를 포착하는 기술을 장착하기 위한, 길고 지루한 시간의 학습을 잊어서는 안 되기 때문이다.

유학(儒學)에서 말하는 공부는 '효(效)'와 '각(覺)'이 꼬리에 꼬리를 물고 이어지는 영원한 운동과 다르지 않다. 효(效)는 따라하기, 각(覺)은 불꽃같은 깨우침이다. 지루하고 힘든 효(效)의 과정 속에 불꽃같은 각(覺)이 따라온다. 그 깨우침을 딛고 올라서면 이전과는 전혀 다른 새로운 세상이 나타난다. 그 새로운 세상에 적응하기 위해 다시 지루하고 힘든 효(效)의 과정을 거친다. 그 과정 속에 불꽃같은 새로운 각(覺)이 터진다. 이러한 반복 속에 지혜는 넓어지고 현명함은 밝아진다.

시인도 다르지 않다. 지루한 절차탁마의 과정 속에 불꽃같은 '순간 포착의 기술'이 따라온다.

가느다란 꽃대 위에 차려진 밥상은 흔들거려 위태롭다. 그러나 향기가 놓인 밥상이기에 위태로움 속에서도 안전하다. 나비가 그걸 먹는다. 고단하고 위태로운 시인의 일상적인 삶과 아름답고 향기로운 문학은 그렇게 공존한다.

새로운 삶이 시작되는 순간은 낡은 삶이 끝나는 시간이다. 쌓인 눈과 나뭇가지는 그렇게 연결되어 있다. 그렇다고 한판 승부가 시작되는 게 아니다. '부리 고운 새'를 통해 둘은 화해하고 추억을 공유하게 된다. 부리가 거칠거나 포악한 새가 아니다. 고운 새다. 고운 문학이 신인의 탄생과 원로의 퇴장을 모두 아름답게 만들어준다.

오순택의 동시집 『풀꽃과 악기』는 깊은 우물에서 퍼 올린 물이다.

3.

화단에 심어 논/봉숭아 꽃이 피면//할머니는 손녀 생각/가슴에 꽃물 들고//손녀는 할머니 생각/손톱에 꽃물 들고

(김동억, 「봉숭아꽃」 전문)

봉숭아는 매년 새롭게 피어난다. 한번 재배를 시작하면 씨앗이 떨어져 해마다 같은 자리에서 자란다. 그렇기에 할머니는 돌아가셔도 봉숭아는 사라지지 않는다. 손녀가 떠나가 돌아오지 않아도 봉숭아는 사라지지 않는다.

아니다. 할머니는 돌아가시지 않는다. 어린 손녀가 자라나 할머니가 되어 다시 봉숭아 앞에 서기 때문이다. 손녀는 떠나지 않는다. 봉숭아 꽃이 피면 동네 아이들이 몰려들기 때문이다.

김동억 시인에게 '봉숭아'는 영원한 삶의 이어짐이다.

나비처럼/나풀나풀//날개를 달았다./뒷산의 굴참나무//늦가을 바람 맞아/서두르는 날갯짓//겨울 오는/길목에//철새처럼/훨훨

(김동억, 「굴참나무 잎사귀」 전문)

그러나 영원한 이어짐은 굴레와 다름 아니다. 그 속에서 새로운 깨달음을 얻지 못한다면 영원한 이어짐은 감옥과 같다. 시인은 그래서 '날개'를 달았다. 겨울이 다가오는 순간, 시인은 어디를 향해 날아가려고 하는가.
연암(燕巖) 박지원이 돌아가신 형님을 그리워하며 쓴 시(詩),「형님을 그리워하며(燕巖憶先兄)」에서 단서를 찾을 수 있다.

우리 형님 얼굴과 수염은 누구를 닮았을까(我兄顔髮曾誰似)/돌아가신 아버님 생각날 때마다 우리 형님 얼굴을 바라보았지(每憶先君看我兄)/이제 형님이 돌아가셨으니 형님이 그리우면 누굴 보아야할까(今日思兄何處見)/단정하게 차려입고 냇가로 나가 냇물에 내 얼굴 비춰본다네(自將巾袂映溪行).

김동억 시인이 준비한 날개는, 타인을 통해 나를 인지하는 지금의 세계를 넘어, 나를 통해 타인을 인지하는 새로운 세계로 향한다.

내 몸 하나면/된다.//연장 하나/필요 없다.//몸속 줄을 뽑아/그물 하나 쳐 놓으면//먹거리도/걱정 없다.//잠자리도/걱정 없다.

(김동억,「거미」전문)

고립(孤立)이 아니다. 독립(獨立)이다. 세상과 끊어짐이 아니다. 세상 전체와 연결됨이다. 내 안에 있는 선(善)한 의(義)를 끌어올려 무한대로 확장하면 우주를 가득 채울 수 있다. 맹자가 말한 호연지기(浩然之氣)를 이루는 것이다.
김동억의 동시집『그림말』은 호연지기(浩然之氣)를 향하고 있다.

4.

아침부터 한사코 내리는 햇살.//빠꼼빠꼼/받아먹더니//어쩌면 좋아!/붕어가 발갛게 익었네.

(박태현,「금붕어」전문)

안으로부터 가득 차올라 우주를 가득 채울 수 있는 힘은 한순간의 깨달음으로 이루어지지 않는다. 끊임없는 효(孝)와 각(覺)의 이어짐 속에서 이루어지는 지난(至難)한 작업이기 때문이다. 박태현 시인의 작품에서는 아쉬움과 기대감이 종(縱)으로 횡(橫)으로 교차한다. '햇살'을 먹고 '발갛게' 익은 '금붕어'를 발견했으나 그 발견은 외부의 발견에서 그치고 말았다. 내 마음 깊이 적셔 '금붕어'가 아닌 '나'로 변화하는 과정이 생략된 아쉬움이다.

엄마가 돌아가신 후,/밤이 되면 아버지는 잠자는 내 머리맡에 앉아/머리를 조용히 쓰다듬어 주시곤 했다.//(중략)//눈을 뜰 수 없었다./눈을 더 꼭 감았다.//눈을 뜨면 나도 아버지처럼 눈물이 날까 봐/한동안 잠든 척했다.

(박태현,「한동안 잠든 척했다」일부)

똑, 똑, 똑/여기 누구 있니?//똑, 똑, 똑/문 좀 열어줄래?//물 속 친구들아/밖으로 나오렴//나랑 놀자!//똑, 똑, 똑/연못 여기저기//문 두드리는/동그란 신호만 가득.

(박태현,「소금쟁이」전문)

기대감도 존재한다. 내밀한 마음속에서 길어 올린 이미지와 서사는 훌륭한 씨앗이다. 이제 이를 갈고 다듬어 더 깊이 감추어야 한다. 더 깊이 감춘다는 것은 깊은 우물을 파는 것과 같다. 깊은 땅 속에서 우물로 스며드는 물을 가지고 씨앗을 키워내는 작업이 필요하다.

박태현의 동시집 『내 몸에 들어온 딸꾹새』는 첫걸음이다. 송나라의 학자 정이의 충고를 다시 생각해보기를 바란다.

"깊이 생각하는 것은 우물을 파는 것과 같다(致思如堀井). 처음에는 흐리고 탁한 물이 나오기도 하지만 시간이 흐르면 점차 맑은 물이 나오게 된다. 생각하는 것도 이와 다르지 않다. 처음에는 집중하는 것이 어렵고 힘들어 혼탁하기도 하지만 포기하지 않고 계속 이어가면 명쾌해지는 순간이 온다. 그때까지 지치지 않고 성실하게 나아가는 힘이 필요하다."

시인(詩人)은 누구인가. 지치지 않는 사람이다. 변화하는 사람이다. 우물을 파는 사람이다.

기억(記憶)하면 사라지지 않는다,
연대(連帶)하면 넘어지지 않는다

고윤자 동시집 『배짱도 좋다』(아동문예, 2020.11.)
장진화 동시집 『느낌표 물고기』(소야, 2021.12.)

1.

공자는 "여러 제자들을 살펴보면, 어떤 이는 매일 '인(仁)'을 잃었다 되찾기도 하고 또 어떤 이는 3~4일만에 한번씩 '인(仁)'을 잃었다 되찾기도 했다. 그러나 오직 안회(顔回)만은 오랜 시간이 지나도 '인(仁)'을 잃지 않았다."라고 말하며 안회를 칭찬했다.

인(仁)은 소통하는 것이다. 타인과 소통하고 자연과 소통하고 사회와 소통한다. 고립되어 홀로 지내는 것이 아니라 더불어 지내는 지혜가 인(仁)이다. 타인을 잊지 않고 기억하며 배려하고 존중하는 게 인(仁)이다. 그런 마음을 잃지 않았기에 공자는 안회를 칭찬했던 것이다.

송나라의 학자 정이(程頤)는 이에 대해 "오랫동안 '인(仁)'에 머무는 사람도 있고 어쩌다 한번 '인(仁)'에 머무는 사람도 있다. 잠시 얻었다가 잃는 것과 오랫동안 간직하는 것에는 어떠한 차이가 있는가. 마음속에 오랫동안 간직하고 있으면 그 아름다운 향기와 기운이 몸과 마음에 깊이 젖어들어 더욱 심오한 뜻을 스스로 깨우칠 수 있는 계기를 마련해준다. 알아도 더욱 깊이 알게 되고, 깨닫더라도 더욱 강하게 깨닫게 된다. 그러므로 그 개념만 간신히 파악하고 있는 것과, 단순히 그 개념에 대해 외우고 있는 것과는 근본적으로 큰 차이가 날 수밖에 없다. 어느 쪽을 선택하겠는가."라고 말하기도 했다.

잊지 않고 기억하는 것은 이처럼 중요하다. 사랑하는 것도 기억하는 것과 다르지 않다. 지워버리려 해도 지워지지 않는 기억이 사랑이 아니겠는가.

두 시인의 기억을 통해 세상을 바라본다.

2.

배짱도/좋다.//해는/밤에/한 번도/놀러 오지 않는데//달은/낮에도/가끔가끔/놀러 나온다.

(고윤자, 「낮달」 전문)

그리움은 기억하기 때문이다. 기억함은 사랑하기 때문이다. 해에 비해 초라한 달이지만 초라하다는 깨달음이 연대를 꿈꾸게 한다. 그리움을 만들고 기억함을 만든다. 사랑을 만든다. 공자가 안회를 칭찬한 까닭도 여기에 있다. 공자가 안회에 대해 남긴 말을 살펴보면 잘 알 수 있다.

"어질구나 회야! 대나무 그릇의 밥과 표주박의 마실 것으로 누추한 골목에 산다면 사람들은 걱정을 견디지 못하거늘 안회는 그 즐거움을 바꾸려하지 않는구나."

"회는 어리석어 보인다. 그러나 물러난 뒤 그 생활을 살펴보면 묵묵히 배운 것을 실천에 옮기고 있구나. 그러므로 회는 어리석지 않다."

"안회는 배우길 좋아하고, 노여움을 남에게 옮기지 않고 잘못을 되풀이 하지 않았다. 불행하게도 명이 짧아 일찍 죽었다. 지금은 그와 같은 제자가 없다."

죽은 후에도 안회를 잊지 못하는 공자와 밝은 후에도 세상을 잊지 못하는 '낮달'은 닮은꼴이다.

놀이터 옆/꽃밭으로 가더니/우산을 펴고 쪼그려 앉아//엊그제 묻은/병아리 무덤에도,/봉숭아 어린싹에도 씌어 주었습니다.

(고윤자, 「환합니다」 일부)

책꽂이 구석에 꽂힌/낡고 오래된 시집 한 권 펼치자/단풍잎 한 장이/저만치 떨어진다.//시집 속에 빨간 밑줄, 밑줄/아빠가 주문처럼 외웠을/'하늘을 우러러 한 점 부끄럼이 없기를'/나도 아빠처럼 밑줄 긋고 외울/따뜻한 한 줄 만나고 싶다.//그 한 줄, 줄줄 외우면서/자작나무 숲길 걸으며/둥그런 나이테 키우고 싶다.//책 속 희미한/빨간 밑줄/아빠랑/함께 가는 길이다.

(고윤자, 「아빠랑」 전문)

하찮은 병아리의 죽음도 기억한다. 이별을 기억한다. 새로 만난 싹도 살펴본다. 만남의 소중함은 이별을 통해 깨닫는 지혜다. 기억하지만 그 기억에 매몰되는 게 아니다. 기억을 통해 배우고 새로운 기억을 쌓아간다. 기억을 통해 새로운 세상을 발견한다.

낡은 시집 속의 희미한 밑줄이 미래를 향해 나아가는 힘이 되는 것과 같은 이치다. 뒤를 보여주는 자동차의 룸미러를 보며 운전한다. 과거를 통해 앞에 펼쳐질 미래를 예측한다. 인생은 앞 유리창이 가려진 자동차를 운전하는 것과 같기 때문이다. 더 많이 기억하는 사람이 더 멀리 볼 수 있는 이유가 여기에 있다.

고윤자의 동시집 『배짱도 좋다』는 먼 길을 떠나는 우리에게 주는 지도책이다.

3.

작다고 얕보지 마!/힘없다고 무시하지 마!//혼자서는 못해도/함께라면 할 수 있어//쑥쑥 자라/다 같이/검은 보자기 밀어낼 거야//손잡고 환한 세상으로/나올 거야//그때까지/참는 거야

(장진화, 「콩나물」 전문)

고립된 개체는 한없이 약하다. 그러나 연대한 개체는 힘이 세다. 공자가 인(仁)을 강조한 이유도 마찬가지다. 더불어 살아가는 세상이 더 아름답다는 것을 강조한다.

"'인(仁)'이 무엇이냐는 질문에 공자는 '만나는 모든 사람을 귀한 손님을 맞이하듯이 대하고, 담당하는 모든 일을 중요한 제사를 받들 듯이 정성을 다하는 것이다.'라고 말했다. 가리고 구분하는 게 없으니 이 얼마나 크고 넓으며 억지로 얽매지 않으니 얼마나 자연스러운가. 사소한 움직임 하

나하나가 모두 꾸미지 않아 아름답고 막히지 않아 시원스럽다. 이런 마음을 간직하고 있다면 사람들이 보지 않는 어두운 방에 홀로 있더라도 부끄러운 일을 하겠다는 마음이 생기지 않을 것이며 오히려 더 마음이 편안해지고 즐거워지게 되어 그 속에서 커다란 자유로움을 만끽하게 될 것이다. 본래의 바른 마음을 잃지 않기 위해 힘써라. 일상생활의 작고 사소한 일을 하는데 있어서도 마찬가지다. 그렇다고 마음을 꽁꽁 묶어두거나 거기에 얽매여서는 안 된다. 항상 깨어 있어 세상과 소통하게 하고 살아서 꿈틀거리게 해야 한다. 그렇게 해야만 한쪽 구석에 틀어박혀 고정되지 않고 자유롭게 변화하며 세상과 함께 호흡할 수 있다."

송나라의 학자 정이(程頤)의 설명이다. 검은 보자기 밑의 어둡고 좁은 곳에서 살아가는 가녀린 콩나물 하나하나에게 주는 충고처럼 들리지 않는가. 우리가 바로 그런 콩나물이기 때문이다.

먼먼 옛날/공룡들이/발 도장을 쾅! 찍어 뒀대/고성 바닷가/커다란 너럭바위에//내 마음속에도/지워지지 않는 자국이 있지/하늘나라 간/아빠 얼굴//내 얼굴에도 있대/할머니가 그랬거든//-클수록 지 아버지 판박이네

(장진화, 「공룡 발자국 같은」 전문)

태풍에 쓰러진 나무/몇 해가 지났는데도/살아있다//가지가 몸통 되어/새잎을 활짝 피웠다//하늘나라 간 아빠 대신/일 나가는 엄마처럼

(장진화, 「살아내기」 전문)

공룡은 죽었지만 지구는 죽지 않았다. 우주는, 자연은 그러하다. 소멸하는 별이 있다면 새로 탄생하는 별도 있다. 한해살이풀이라고 어찌 1년만 살고 죽는다 하겠는가. 씨앗을 남겨 다시 싹이 트는 영생(永生)의 순환을 외면할 수는 없는 일 아닌가.

"세상의 이치는 변화 속에 존재한다. 처음에는 텅 비어 고요하고 아무것도 없었으나 그 속에서 움직임이 일어나는 순간, 음과 양이 나누어지는 것처럼 선과 악도 드러나게 된다. 그렇다면 옳은 방향을 유지하기 위해서는 어떻게 해야 할까? 자연이 그러한 것처럼 항상 성실하게 최선을 다해야 한다. '인(仁)'은 모든 것을 사랑하고 존중해주는 마음이다. '의(義)'는 올바름이고 마땅함이다. '예(禮)'는 질서와 법칙이다. '지(智)'는 서로 소통하여 아는 것이다. '신(信)'은 앞서 설명한 것들을 잃지 않고 지켜내는 힘이다. 이 다섯 가지의 '성(性)'을 잃지 않고 살아가야 하는데, 그러기 위해서는 항상 성실하게 최선을 다해야 한다. 그렇게 하면 모든 일이 자연스럽고 조화롭게 풀리고 편안해진다. 사람과 자연은 서로 다른 것이 아니라 하나로 연결되어 존재한다."

송나라의 학자 주돈이(周敦頤)의 말이다.

장진화의 동시집 『느낌표 물고기』는 변화와 타인을 모두 끌어안는 연대(連帶)의 기록이다.

천장부(賤丈夫)와 대장부(大丈夫)

김성수 동시집 『**초록빛 답장**』(아동문예, 2022.5.)
전병호 동시조집 『**수평선 먼 섬으로 나비가 팔랑팔랑**』(도토리숲, 2022.5.)

1.

"옛날의 시장은 물물교환이 이뤄지는 곳이었다. 자기가 가진 것을 가지고 나가 자기가 필요한 것으로 바꾸는 장소였다. 그렇다면 정부는 무엇을 했는가. 물건을 교환하는 사람들 사이에 일어나는 분쟁을 조정할 뿐 따로 세금을 받지는 않았다. 그런데 어느 날 '천장부(賤丈夫)'가 나타나 높은 언덕(龍斷)에 올라서 좌우를 살펴 이쪽에서 싼 것을 취해 저쪽에 비싸게 팔고, 저쪽에서 싼 것을 취해 이쪽에 되팔아 시장의 이익을 독점했다. 그러자 세상 사람들은 그 사람이 정당하지 못한 방법으로 돈을 너무 많이 벌었다고 여겼으며, 이에 따라 세금을 징수하게 되었다."

《맹자(孟子)》에 나오는 대목이다. 맹자가 이야기하는 '천장부(賤丈夫)'란 '대장부(大丈夫)'의 상대어 정도가 될 것이다. 천박한 사람이라는 뜻이다. '국정농단'이라고 할 때 사용되는 익숙한 단어인 '농단(壟斷)'도 맹자기 말한 '높은 언덕'을 뜻하는 '龍斷'에서 비롯된 단어이다.

높은 곳에 오르려는 이유가 '천장부'처럼 자신의 이익을 위해서라면 천박한 일이 된다. 맹자가 말한 '높은 언덕(龍斷)'이란 권력의 상층부를 뜻한다. 지위를 이용해 정보를 취득하고 그것을 자신의 이익에 사용한다는 의미를 지닌다.

그렇다면 높은 지위와 권력을 지닌 사람은 어떻게 해야 하나. 중국 상(商)나라의 명재상으로 이름이 높던 이윤(伊尹)에게서 열쇠를 얻을 수 있다. 《근사록(近思錄)》에 나오는 이윤에 대한 평은 다음과 같다.

"이윤은 백성들 중에 한 사람이라도 어려움에 처하면 자신의 잘못으로 생각하여 거리에 나가 종아리를 맞는 것처럼 부끄럽게 생각했다(一夫不得其所 若撻于市)."

이윤은 가난하고 무능력한 백성들을 비판하지 않았다. 게으르고 무식하다고 비난하지 않았다. 그들을 가난하게 만든 것이, 그들이 능력을 펼칠 수 없도록 만든 것이 바로 자신이라고 생각하며 단 한 사람도 그런 사람이 없는 사회를 만들기 위해 노력했다.

이윤이 높은 자리에 오른 이유는 낮은 곳을 이해하고 그들을 돕기 위함이었다. 왕을 칭송하기 위함이 아니라 백성을 이해하기 위함이었다.

중국 주나라 시절에는 민간에서 유행하는 시와 노래를 채집하는 일을 담당하던 '채시관(采詩官)'이라는 관리가 있었다. 그들이 시를 채집했던 이유는 백성들의 어려움을 살피기 위함이었다. 낮은 곳에 있는 사람들을 이해하기 위한 방편이었다. 그러나 일부 채시관들은 왕에게 아부하기 위해

왕을 칭송하는 시만 채집하는 경우도 있었다. 앞서 이야기한 '천장부' 같은 '채시관'도 있었다는 뜻이다.

시인(詩人)도 다르지 않다. 높은 곳에 있는 자를 칭송하는 노래를 부르기 위함이 아니라 낮은 곳에 있는 것들을 보듬기 위한 노래여야 한다.

낮은 곳으로 향하는 시인들의 시집을 만나보았다.

2.

징검다리에 앉아/흐르는 냇물에 발을 담그면//물이 흐르는지/내가 흐르는지//가을 하늘 한 자락도/물속에 잠겨//나에게 오는 건지/내가 가는 건지//맑고 맑은 흐름 속에/내 마음도 함께//어디론가 두둥실/흘러갑니다.

(김성수, 「흐르다」 전문)

'낮은 곳으로 향한다'는 뜻은 구분을 없앤다는 것을 의미한다. 존귀함과 비천함, 부유함과 가난함, 어른과 아이, 과거와 현재에 대한 장벽과 구분을 없애야만 낮은 곳으로 갈 수 있다.

시인은 징검다리에 앉아 흐르는 냇물에 발을 담그고 자아와 타자 사이의 장벽을 사라지게 만든다.

"공자가 냇가에서 이렇게 말했다. '가는 것은 이와 같구나! 밤낮으로 쉬지 않는구나!'"

《논어(論語)》에 나오는 대목이다. 공자가 감탄한 것은 무엇 때문인가. 변화에 대한 깨우침이다. 세상은 고정되어 불변하는 게 아님을, 그러니 구분이 무슨 필요가 있겠는가. 쉬지 않고 낮은 곳으로 가는 물의 움직임이 바로 우리가 추구해야 하는 천명(天命)임을 깨달으라는 가르침이다.

가을에는/감처럼/익어가고 싶어요//서리가 온 다음에도/가지 끝에 달려 있는/까치밥처럼//기다림으로 남아 있는/정겨운 마음//가을이 되면/나도 누군가를 위해/따스한 인정으로/익어가고 싶어요.

(김성수,「가을에는」전문)

산속에 나 있는 오솔길은/산허리를 끼고 있어요//병아리들이 어미닭 품속을/드나들 듯//나무들 사이/바위들 사이를/들락날락합니다//멀리 가 버리면/산이 걱정할까 봐/조금 가다가는 산의 품속으로/다시 돌아옵니다.

(김성수,「산속의 길」전문)

기다리고 또 돌아온다는 것은 누구를 위함인가. 나를 위함이 아니라 타자를 위함이다. 우리의 인생이 온전히 나를 위함이라면 가지 끝에 까치밥을 남겨두고 기다릴 필요는 없다. 우리가 걷는 목표가 좌표 위에 고정된 특정 위치라면 '나무들 사이 바위들 사이를 들락날락'하며 '다시 돌아올' 이유가 없다. 그런데 왜 기다리고 돌아오는가. 우리의 목표가 특정 좌표에 있지 않기 때문이다. 과정 속에 목표가 있고 나를 잊어 나를 완성한다.

김성수의 동시집 『초록빛 답장』은 '천장부(賤丈夫)'를 꾸짖는 '대장부(大丈夫)'의 조용한 나무람이다. 너무 멀리 가버린 우리들의 욕심(慾心)을 다독여 동심(童心)으로 돌아오라고, 낮은 곳으로 돌아오라고 권면하는 다정한 속삭임이다.

3.

나무는 비가 오면/우산을 꺼내 들지//하늘 높이 들어 올린/연초록 잎사귀 우산//작은 새/몸을 떨며 와/비를 피하고 가지.

(전병호, 「나무 우산」 전문)

엄마 걸음이 늦으니 타고 먼저 가라 하지만/나는요 엄마랑 같이 걷는 게 좋아/집에서 전통시장까지 자전거 끌고 가요.//열무 오이 가지 사서 짐받이에 싣고 오는 길/길이 너무 머니까 타고 먼저 가라 하지만/엄마랑 걷는 게 좋아 자전거 끌고 와요.

(전병호, 「끌고 오는 자전거」 전문)

  나무가 높게 자란 이유는 작은 새에게 휴식처를 제공하기 위함이다. 이윤이 재상이 되어 가난한 백성들을 도와주려 노력하는 것과 궤를 같이한다.
  자전거를 타고 빠르게 달리지 않는 것도 같은 이유다. 천천히 끌고 가는 이유는 엄마와 함께 가기 위함이다. 엄마는 누구인가. 이웃이고 친구이며 세상이다. 나만 먼저 달려 나가지 않고 호흡을 맞춰 동행하는 것, 1등으로 내달리는 것이 아니라 함께 더불어 가는 게 더 아름답다는 뜻이다.

다음은 내 차례다./두 눈 꼭 감았는데//생각만큼 안 아프다./눈을 살짝 떠 보니//짝꿍이 나보다도 더/아픈 표정을 짓고 있다.

(전병호, 「예방주사」 전문)

  나의 아픔보다 타인의 아픔에 더 민감해지는 것이 '인(仁)'이다. 나의 이익에서 느끼는 즐거움보다 타인의 불이익에서 느끼는 아쉬움이 더 큰 것이 '의(義)'다.

풀벌레는 풀벌레 소리로 친구를 부른다.//풀벌레는 풀벌레 소리로 함께 있는 걸 안다.//풀밭에 어둠이 내리면 밤새워 풀벌레 소리.

(전병호,「풀벌레 소리」전문)

연대하면 강해진다. 어둠이 짙어져도 두렵지 않은 이유는 친구들의 소리가 또렷하게 들리기 때문이다. 내가 더 크게 소리 낼 수 있는 힘의 원천은 주변에 있다. 단순히 풀벌레 소리가 아니다.

독설가로 유명했던 맹자가 양나라 혜왕을 만난 자리에서 '음악을 즐기는 것과 나라의 발전에 무슨 관련이 있는지'에 대한 질문을 받고 다음과 같은 대화를 나누었다.

"혼자 음악을 즐기는 것(獨樂樂)과 다른 사람과 함께 음악을 즐기는 것(與人樂樂) 중에 어떤 게 더 즐겁습니까?"

"다른 사람과 함께 할 때가 더 즐겁지요."

"그러면 일부의 몇몇 사람들과 음악을 즐기는 것(與少樂樂)과 아주 많은 사람들과 함께 음악을 즐기는 것(與衆樂樂) 중에는 어떤 게 더 즐겁습니까?"

"그야 사람들이 많으면 많을수록 좋겠지요."

"궁중에서 왕이 음악을 듣는 소리가 담을 넘어 멀리 울려 퍼진다고 생각해보십시오. 그때 백성들은 어떻게 생각할까요? '우리는 배를 곯고 있는데 음악이라니! 우리 가족은 가난 때문에 모두 흩어져 이토록 슬픈 삶을 살고 있는데…'라며 얼굴을 찌푸릴까요? 아니면 '아, 정말 아름다운 음악이로구나. 참으로 듣기 좋다.'라며 즐거워할까요?"

양혜왕은 대답을 찾지 못하고 가만히 듣기만 했다. 그러자 잠시 뜸을 들인 맹자가 다시 입을 열었다.

"평소에 모든 이들과 함께 즐거움을 나누었다면(與民同樂) 백성들은 왕이 듣는 음악을 함께 즐길 것이고 많은 사람들이 왕과 함께 음악 듣기를 즐기니 왕께서는 더욱 즐거워지실 것입니다. 그러나 평소 여민동락(與民同樂)하지 않았다면 백성들은 얼굴을 찌푸릴 것이고 그렇게 되면 왕께서 느끼는 즐거움도 반감되겠지요. 왕께서는 어느 쪽을 선택하실 것입니까?"

풀벌레가 소리를 내 친구들과 소통하고, 소통하며 안심하고 즐거워한다. 밤새워 세상을 가득 채우는 풀벌레 소리는 마치 우주가 운행하는 엄청난 소리처럼 느껴진다. 이유는 간단하다. 맹자가 말한 '여민동락(與民同樂)'의 모습이기 때문이다. 그 소리는 울음일 수도 있지만 슬픔을 넘어 장엄하고 웃음일 수도 있지만 가볍지 않다. 누군가 소리를 내고 누군가 듣는 일방의 울림이 아니라 모두가 함께 하는 울림이다.

나를 잊고 너를 받아들이면 내가 사라지는 게 아니라 너와 어울려 더 커지는 것을 깨닫게 된다. '천장부'가 작은 이익을 얻는다면 '대장부'는 커다란 깨달음을 얻는다. '농단' 위의 '천장부'보다 거리에서 종아리를 맞고 있는 이윤이 더 멋진 이유가 여기에 있다.

전병호의 동시조집 『수평선 먼 섬으로 나비가 팔랑팔랑』은 나비의 팔랑거림이 모여 해와 별을 움직이는 거대한 힘이 된다는 것을 풀벌레 소리로 알려준다. 풀벌레 소리가 대포 소리보다 크다.

멀리 갈수록 가까워진다

박선미 동시집 『**먹구름도 환하게**』(아이들판, 2020.12.)
김성민 동시집 『**고향에 계신 낙타께**』(창비, 2021.1.)

1.

지구가 둥글다는 것은 밖으로 보이는 형태뿐만이 아니라 우리의 사유 체계(思惟體系)에도 영향을 미친다. 현재의 위치에서 멀리 가면 갈수록 현재와 가까워진다. 이 기묘한 법칙은 지구가 둥글기에 가능하다. 아침에서 멀어지면 멀어질수록 아침이 가까워지는 것과 마찬가지다.

스위스의 국민작가로 불리는 페터 빅셀(Peter Bichsel)의 소설 「지구는 둥글다」에 등장하는 '남자'는 지구가 둥글다는 것을 이미 알고 있지만 이를 증명하기 위해 길을 떠난다.

"계속해서 똑바로 가면 출발했던 곳으로 다시 되돌아오게 된다. 다만 지구가 둥글다는 것이 눈에 보이지 않을 뿐이다. 그래서 사람들은 오랫동안 그것을 믿으려고 하지 않았다. 왜냐하면 지구를 바라보면 그것은 직선이거나 혹은 올라갔다 내려갔다 하는 기복으로 되어 있기 때문이다. (중략) 계속해서 똑바로 가면 날이 가고 주일이 가고 달이 가고 해가 간 뒤에 바로 제자리로 돌아오게 된다는 것을 그는 알고 있었다. 만약에 그가 지금 자기의 책상에서 일어서서 출발한다면 나중에 그는 반대 방향에서 자기 책상으로 되돌아오게 될 것임을 그는 알고 있었다. 그것은 사실이다. 그리고 누구나 그것을 알고 있다."

누구나 알고 있는 것이지만 소설 속의 '남자'는 "그러나 나는 그것을 믿지 않아. 그러니까 내가 그것을 시험해 봐야겠어."라고 말한 뒤에 집을 나선다.

옆집 사람은 그 '남자'의 계획을 듣고는 "그만두세요! 돌아오십시오! 그건 터무니없는 짓입니다."라고 말하며 만류했지만 그 '남자'는 뒤도 돌아보지 않고 길을 떠난다.

소설은 옆집 사람의 목소리로 끝을 맺는다.

"그 후로 나는 그를 한 번도 보지 못했다. 이것은 10년 전에 일어난 일이고 그 당시 그는 여든 살이었다. 그는 지금 아흔 살이 되었을 것이다. 어쩌면 그는 중간에 여행을 그만두었을지도 모른다. 어쩌면 죽었을지도 모르고. 그러나 때때로 그 집 앞을 지나갈 때면 나는 서쪽을 바라본다. 어느 날인가 그가 지쳐서 천천히, 그래도 미소를 지으며 숲속에서 걸어 나온다면, 그리하여 내게로 와서 "이제야 나는 믿게 되었어, 지구가 둥글다는 것을."하고 말한다면 나는 참으로 기뻐할 것이다."

이제 필자는 '옆집 사람'이 되어 두 시인의 여행을 살펴보려 한다.

2.

눈이 커다란/소와 낙타와 좁교는/닮았다.//순하고/힘도 세다.//그것보다/더 닮은 점은/태어나서 죽을 때까지/일만 한다.//우리 할머니도 그렇다.

(박선미, 「소와 낙타와 좁교와 할머니」 전문)

'소'와 '낙타'까지는 그 모습을 떠올릴 수 있다. 그러나 '좁교'에 도달하면 머리에 그 모습을 떠올리기 힘들어진다. 시인도 그것을 알고 있다는 듯 시집에 '좁교'에 대한 설명을 주석으로 붙여놓았다. '야크와 물소의 교배종. 500미터가 넘는 히말라야 계곡을 오르내리며 무거운 짐을 나른다.'

시인은 왜 굳이 '좁교'를 가져왔을까. 멀리 가기 위함이다. '소'와 '낙타'에 그쳤다면 멀리 가지 못했을 것이 분명하다. '좁교'를 가져왔기에 멀리 갈 수 있었고 멀리 갔기에 '할머니'를 만날 수 있었다. 할머니는 우리 앞에 있지 않고 늘 우리 등 뒤에 있기 때문이다.

동쪽으로 난 대문을 열고 출발한 페터 빅셀의 그 '남자'가 서쪽에서 비틀거리며 걸어와 뒷문에 도달하기를 바라는 것처럼, 시인은 멀리 히말라야에서 '좁교'를 가져와 우리 등 뒤에 있는 할머니를 만나게 한 것이다.

여름잠을 자는 동물이 있다./우리 집 옷장 속에 산다.//양도 있고/토끼도 있고/오리도 있고/여우도 있다.//잠을 깬 여우가/엄마랑 백화점 구경 갔다가/새 친구를 데리고 왔다./밍크라고 했다.//새 친구가 와도/아무도/반기지 않는다./그저 자리를 조금 양보할 뿐이다.//200마리 밍크의 눈물을 입은/엄마만/거울을 보고 웃는다.

(박선미, 「여름잠」 전문)

깨진 유리병/산처럼 쌓여/삐죽삐죽//날카로운 이빨 드러내어/무서웠던 바닷가//화난 유리 조각/토닥토닥 쓰담쓰담/파도가 엄마처럼 달래주었더니/오래도록 변치 않고/어루만져 주었더니//유리조각은/아름다운 조약돌로/다시 태어났다.//날카롭던 지난 시절을/잊어버리고

(박선미, 「파도의 힘」 전문)

'200마리 밍크의 눈물을 입은' 엄마와 깨진 유리병을 '토닥토닥 쓰담쓰담' 달래주는 엄마가 같이 등장한다.

'집'이라고 다 같은 '집'이 아니다. 커다란 대문이 달린 동쪽이 있다면 쪽문이 달린 서쪽도 있다. 앞이 있고 뒤가 있다. 아침이라고 다 같은 아침이 아니다. 어둠을 밀고 올라오는 아침이 있고 이글대는 태양에 밀려 수그러지는 아침도 있다. '날카롭던 지난 시절'을 잊고 조약돌이 되었던 유리조각도 다시 깨져 날카로운 이빨을 드러낼 수도 있다.

'둥그런 지구'는 마치 중력처럼 우리를 가두고 있다. 옷장 속에 잠든 동물들처럼. 잠든 동물들은 언제 깨어나 고향으로 돌아갈 수 있을까. 거울을 보며 웃는 '엄마'는 언제 깨어나 그들을 '토닥토닥 쓰담쓰담' 달래줄 수 있을까.

실컷 울고 나면/먼 길 떠날 수 있다.

(박선미, 「먹구름도 환하게」 전문)

시인이 제시하는 해법은 실컷 우는 것이다. 먹구름이 비로 뿌려지면 환한 구름으로 돌아오는 것처럼, 반성과 수신(修身)이 우리를 자유롭게 만들 것이라고 시인은 말한다. 페터 빅셀의 그 '남자'가 지친 몸으로 돌아와 "이제야 나는 믿게 되었어, 지구가 둥글다는 것을."이라고 중얼거리는 것

처럼.

　박선미의 동시집 『먹구름도 환하게』는 멀리 떠났기에 만나게 되는 진정한 '나'를 보여주는 거울이다.

3.

　바위는 진화 중이에요//커다란 덩어리에서/쪼끄만 알갱이로//꿈쩍 않는 무거움에서/작은 바람에도 굴러가는 가벼움으로//바위는 변하고 있어요/눈에 보이지 않지만 조금씩 천천히//사막을 건너가는 낙타 발자국이 될 때까지

(김성민, 「사막이 될 시간」 전문)

　아이는 점점 크게 자라난다. 우리의 상식은 그렇게 우리를 가둔다. 그러나 시인이 내놓은 바위는 그 반대 방향으로 진화하고 있다. 점점 작고 가볍게 변화하고 있다. 결국은 모래 알갱이가 되어 사막을 건너는 낙타의 발자국으로 존재를 드러낸다.
　아침은 진화해서 밤이 되는 것과 같은 이치다. 봄이 진화해서 추운 겨울이 된다. 우리는 어디를 향하고 있는가. 커지는 방향인가 작아지는 방향인가. 둘 다 아니다. 현재의 상황에서 최선을 다하는 것이다.

　바위야, 들어 봐/사막이 되는 방법을 알려 줄게//시간을 마셔/날마다 한 모금의 시간을 말이야//한꺼번에 많이 마시는 건 소용없어/날마다가 중요해//햇볕도 꾸준히 먹어 두고/바람이랑 친구처럼 지내//새들이 앉아서 갈 생각 않는다고 괜히 신경질 부리지 말고/가끔 이끼를 꺼내 입어도 좋아//준비됐어?/그럼 시작!

(김성민, 「사막이 되는 방법」 전문)

먼 길을 가는 방법은 쉬지 않고 걷는 것이다. 가까운 길은 뛰어야 하겠지만 먼 길은 다르다.

페터 빅셀의 그 '남자'가 아직 도착하지 않은 이유는, 그가 포기했기 때문이거나 죽었기 때문이 아니다. 옆집 사람이 기다리고 있다면 그 '남자'도 돌아오고 있는 중이라는 것을 알아야 한다. 그 '남자'의 성공 여부는 옆집 사람에게 달려 있다. 옆집 사람이 그 '남자'에 대한 기억을 잃지 않는다면 계속 이어진다.

페터 빅셀의 그 '남자'가 아직 도착하지 않은 이유는, 지구가 둥글지 않다는 것을 증명하는 게 아니다. 지구가 둥근 이유는 수많은 옆집 사람들의 기다림 때문이다. 기다림은 날마다 시간을 마시며 유지된다.

한 번 와장창 깨지고 나니까//겁날 거 없던데//사람들이 다시 보더라//슬금슬금 피하더라

(김성민, 「유리」 전문)

수많은 옆집 사람을 만들기 위해서는 그 '남자'처럼 길을 떠나야 한다. "그건 터무니없는 짓입니다."라고 만류하는 상식의 저지선을 과감하게 돌파해야 한다. 와장창 깨져야 한다.

김성민의 동시집 『고향에 계신 낙타께』는 우리에게 자꾸 깨지라고 말한다. 일단 저질러보라고 부추긴다. 변화하라고 속삭인다. 저기 세상을 보라, 변하지 않는 게 하나도 없지 않냐고 외치고 있다. 길을 떠나 지구가 둥글다는 것을 몸으로 증명하라고 권유한다.

지도와 나침반

박혜선 동시집 『**바람의 사춘기**』(사계절, 2021.2.)
쪽배 동인 동시조집 『**하늘빛 날갯짓으로 헤쳐나온 나달이여**』(도담소리, 2021.4.)

1.

우리가 살아가는 모습을 흔히 거친 바다를 항해하는 배에 비유하기도 한다. 때로는 앞 유리창이 가려진 자동차를 운전하는 것으로 말하기도 한다. 공통점은 앞을 예측하는 게 어렵다는 것이다.

바다를 항해하는 배는 아주 오래 전부터 있었다. 그러나 사람들은 좀처럼 먼 바다로 나아갈 엄두를 내지 못했다. 먼 바다로 나아가지 못하고 육지를 보며 해안선을 따라 항해하는 게 전부였다. 배가 취약해서 그랬던 것은 아니다. 선원들의 공포심이 먼 곳으로까지 나아가는 것을 가로막았다.

이후 정확한 지도와 나침반 그리고 하늘의 별을 관측할 수 있는 천체관측기구의 발전이 대항해의 시대를 이끌었다고 말하지만 가장 결정적인 이유는 그러한 발전이 선원들의 공포심을 제거해줬다는 것에 위치한다. 기술의 발전이 공포심을 사라지게 했기에 대항해의 시대가 열렸다고 보아야 한다. 정밀한 지도와 나침반은 현재 배가 어디에 있는지 어디로 가는지 파악하게 해줌과 동시에 선원들의 공포심을 사라지게 만들었다. 현재 내가 있는 위치와 내가 가고 있는 방향을 파악하는 것은 이처럼 매우 중요하다.

그렇다면 항해가 아니라 우리의 삶에 있어 현재 내가 있는 위치와 내가 가고 있는 방향은 어떻게 파악해야 할까. 내가 올바른 방향으로 가고 있는지 살펴볼 수 있는 방법은 무엇일까. 과거의 경험이 미래를 예견하는 힘을 가져온다고 선배들은 조언해준다.

"자공이 '가난하면서 아첨하지 않고 부자이면서 교만하지 않으면, 어떻습니까?'라고 묻자 공자는 '그 정도면 괜찮다. 그러나 가난하면서도 행복을 느끼며 부자이면서도 바른 삶을 살아가는 사람만은 못하다.'라고 말했다. 그 말을 들은 자공이 '아, 그 말씀은 《시경(詩經)》에 나오는 '잘라내듯 갈아내듯 쪼아내듯 다듬듯(如切如磋 如琢如磨)'과 이어지는 것이군요.'라고 말하자 공자가 크게 기뻐하며 '바로 그것이다! 이제 너와 시를 논할 수 있겠구나. 지나간 것을 말해줬더니, 올 것을 아는구나(告諸往而知來者).'라고 말했다."

《논어(論語)》에 나오는 이야기다. 공자의 말처럼 '지나간 것을 살펴 올 것을 아는 지혜'는 매우 중요하다. 기술이 아니라 마음가짐이다. 기술은 그저 도울 뿐이다.

2.

신발장 안에/수백/수천/수만 갈래의/길이 있다//신발이 다녀온/길

(박혜선, 「신발장」 전문)

《대학(大學)》에서는 공부를 '격물치지(格物致知)'라는 말로 설명한다. 여기에서 '격물(格物)'이란 사물이나 상황에 대해 정밀하게 연구하는 것을 말한다. 사물이나 상황에 대해 정밀하게 연구하고 분석하여 그 이치를 환하게 아는 것을 '치지(致知)'라고 한다.

쉽게 설명하면 사물이나 상황을 연구하여 이를 나와 연결시키는 것이다. 더 많이 연결할수록 더 정확하게 '나'를 깨닫게 된다. 현재 나의 위치와 가고 있는 방향을 알게 된다. 연결을 통해 나를 찾는다.

신발장 안에서 만나는 '수만 갈래의 길'이 현재 내가 있는 곳의 좌표와 나아가고 있는 방향을 말해준다.

낡아 버려진 여행용 가방//어디로 갈까?/태어나/처음으로/혼자 여행을 떠난다

(박혜선, 「첫 여행」 전문)

은행나무가 쓰러졌다/태풍에 흔들리다 뿌리째 뽑혔다//꾸불꾸불/땅속 길 찾아/얼마나 헤맸는지 알겠다

(박혜선, 「땅속 지도」 전문)

타인의 손에 이끌려 다니는 것은 저장되지 못하다. 여행용 가방이 멈칫하는 이유는 무엇인가. 스스로 길을 찾아 헤맸던 은행나무의 꾸불꾸불한 뿌리가 없기 때문이다. 그러나 여행용 가방은 용감하게 여행을 떠나야 한다. 이제부터 길을 찾아 헤매는 경험을 쌓으면 된다.

어두운 땅속에서 길을 찾아 헤맸던 은행나무 뿌리의 경험이 하늘로 높이 솟아오르는 가지를 만들었다. 땅속 지도가 하늘로 가는 길을 안내해주었다.

공자가 말했던 '지나간 것을 살펴 올 것을 아는 지혜'가 떠오르는 이유가 여기에 있다.

돌아가는 데/하루가 걸려도/한 달이 걸려도/일 년이 걸려도/그 길 끝에 집이 있다면 가깝다

(박혜선, 「집으로 돌아가는 길」 일부)

과거의 경험을, 실패의 경험을 지도와 나침반으로 삼아 현재의 좌표와 방향을 찾았다면 두려움이 사라진다. 멀더라도 상관하지 않는다.

박혜선의 동시집 『바람의 사춘기』는 머지않아 '대항해의 시대'가 열릴 것임을 귀띔해주고 있다.

3.

코로나 바이러스/세상을 뒤엎었다//마스크가 동이 났다/거리가 텅 비었다//그래도/개울에 알 낳으러/개구리는 달려갔다//학교도 닫았고/친구 얼굴도 잊었다//원격수업에 힘든 누나/남동생은 훼방꾼//그래도/네 달 쌍둥이는/뒤집기에 성공했다.

(이정석, 「2020년 3월 어느 날」 전문)

'인공 지능', '가상 현실'/호들갑을 떨더니만//코로나 강한 입김에/지구촌이 벌벌 떤다.//그래도 스스럼없이/꽃을 피우는 민들레.

(신현배, 「민들레」 전문)

동시조 '쪽배' 동인 4명과 여기에 초대된 시인 10명의 작품을 담고 있는 동시조집 『하늘빛 날갯짓으로 헤쳐나온 나달이여』는 '코로나19'를 소재로 만든 독특한 모습을 지니고 있다. '코로나19'로 인해 뒤바뀐 일상의 이야기들이 다양한 시선으로 담겨져 있다.

여기에서도 《대학(大學)》에서 말했던 '격물치지(格物致知)'의 의미가 선명하게 드러난다. '개울에 알 낳으러' 달려간 '개구리'와 '뒤집기에 성공'한 '네 달 쌍둥이'를 통해 방향을 획득한다. '스스럼없이 꽃을 피우는 민들레'도 마찬가지다. 이들을 관찰하고 분석하는 '격물(格物)'을 통해 코로나19 시대에 대응하는 우리의 자세에 도달하는 '치지(致知)'를 이룬다.

"사물이나 상황에 대해 정밀하게 연구하여 명확하게 깨닫는 것은 매우 중요하다. 사물과 상황을 잘 파악하지 못하게 되면 마치 꿈속을 헤매는 것처럼 몽롱한 상태에서 벗어나지 못한다. 그러므로 정밀하게 연구하여 명확하게 깨닫는가 아니면 그렇게 하지 못하는가는, 꿈속에 있는가 아니면 깨어있는가의 차이처럼 매우 크다. 가장 먼저 그 관문을 통과해야만 새로운 세계로 들어설 수 있다. 그 관문을 통과하지 못하면 아무 것도 이룰 수 없다. 그러나 그 관문을 통과한다면 세상을 바르게 만드는 것에 성큼 다가선 것이라고 해도 과언이 아니다. '치지(致知)'와 '격물(格物)'은 세상의 이치를 깨닫는 과정이다. 그것을 깨달아야만 몸과 마음을 그 이치에 따라 바르게 가다듬을 수 있다. 명확하게 안다는 것은 처음부터 끝까지 완벽하게 아는 것을 말한다. 마음속에 작은 의혹이나 의심도 있어서는 안 된다. 미심쩍은 부분이나 흐리멍덩한 부분도 있어서는 안 된다. 밝은 햇살 아래에서 보는 것처럼 모든 것을 확실하게 아는 상태가 되어야 한다는 뜻이다. 이렇게 되어야 두려움 없이 성큼 나아가는 힘을 얻을 수 있다."

중국 송나라의 학자 주희의 '격물치지(格物致知)'에 대한 설명이다.

> 볼품없는 '쪽배'가 / '코로나' 풍랑 만나 // 하늘빛 날갯짓으로 / 용케도 헤쳐 왔네. // 이제 와 / 되짚어 보니 / 시(詩)가 백신이었네.
>
> (박경용, 동시조집 『하늘빛 날갯짓으로 헤쳐나온 나달이여』 머리시 전문)

길을 잃어야 길을 찾을 수 있다. 수많은 시행착오를 거쳐야 바른 방향을 찾을 수 있다. 넘어져야 일어설 수 있다. 동시조 '쪽배' 동인 4명과 여기에 초대된 시인 10명의 동시조집 『하늘빛 날갯짓으로 헤쳐나온 나달이여』는 '코로나19'를 면밀하게 '격물(格物)'하고 이에 대한 나름의 해결책을 찾는 '치지(致知)'를 이뤄냈다.

우리의 두려움을 해결해줄 지도와 나침반은 어디에 있는가. 지나온 우리의 과거 속에 있다. 반성을 통한 수신(修身)이 두려움을 사라지게 만들어준다. 그래서 시인은 말한다. '시(詩)가 백신이었네'라고.

3부

마이너스와 마이너스

그 사이에 동시가 있다

마
이
너
스
와

마
이
너
스

호연지기(浩然之氣)를 길러주는
장작 패는 소리

김영기 동시조집 『달팽이 우주통신』(아침마중, 2021.7.)
최진 동시집 『빗방울의 말』(아동문학평론, 2021.4.)

1.

지구는 자전하며 공전한다. 멈추는 법은 없지만 그렇다고 크게 달라지지도 않는다. 매우 천천히 움직인다고 생각할 수 있지만 그 속도를 측정해보면 놀라울 정도로 빠르다. 지구의 자전 속도는 적도를 기준으로 삼았을 때 약 1,670km/h가 된다. 1시간 동안 1,670km를 이동하는 것이다. KTX 열차의 속도를 약 300km/h라고 잡아도 5배 이상 빠른 속도라고 할 수 있다. 그렇다면 지구의 공전 속도는 어떠할까. 지구의 공전 속도는 약 107,000km/h라고 한다. 비행기의 속도를 보통 1,000km/h 내외라고 보았을 때 100배 이상 빠른 속도로 날아가는 것이다.

우리의 일상은 매우 단조롭고 조용한 것처럼 보이지만 실제로는 시속 1,670㎞로 뱅글뱅글 돌며 시속 107,000㎞로 날아가는 커다란 공 모양의 땅덩어리 위에 살고 있다는 것을 의미한다.

이처럼 엄청난 변화의 소용돌이 속에서 살고 있는 우리는 과연 어떻게 해야 흔들리지 않고 중심을 잡을 수 있을까. 옛 선비들의 조언을 들어보자.

"《주역(周易)》에 나오는 '태(泰) 괘'는 모든 것들이 서로 잘 소통하여 평화롭고 안정된 시기를 뜻한다. 태괘는 하늘이 아래에 있고 땅이 위에 있는 모습을 갖고 있다. 그럼에도 불구하고 혼란스러운 것을 뜻하는 게 아니라 서로 조화롭게 어우러지는 것을 의미한다. 왜 그럴까. 아래의 사정을 위에서 잘 이해하고 위의 뜻을 아래에서 잘 따르니 이처럼 조화로운 것은 없다. 세상의 모든 것을 포용하며 바르게 나아간다. 이를 '거친 것들을 모두 감싸 안고 알몸으로 걸어간다'라고 말한다. '알몸'이라고 한 이유는 자신의 사사로운 이익을, 자신만의 개성을, 자신이 지닌 고집을 모두 버렸다는 뜻이다. 공명정대하게 나아감을 의미한다. 넓은 아량으로 감싸주고 끌어안는 포용력이 있어야 한다. 사납고 거친 것들을 미워하여 이를 다시 사납고 거칠게 대하면 모든 것이 무너진다. 사납고 거친 것들까지 알몸으로 안아주는 자세로 나아가면 자연스럽게 단정하고 부드러운 모습으로 변화한다."

중국 송나라의 학자 정이(程頤)의 설명이다. 뱅글뱅글 돌며 비행기보다 빠르게 날아가는 과정 속에서도 정신을 잃지 않기 위해서는 서로 배려하고 이해하며 조화를 이루어야 한다는 뜻이다. 하늘과 땅이 서로 경쟁하는 게 아니라 존중하며 협력해야 한다는 의미라고 할 수 있다.

어렵고 힘든 일이 있으면 피하지 않고 오히려 남보다 먼저 달려가 처리하고, 이익이 있으면 남들이 먼저 취할 수 있도록 뒤로 물러가 맨 나중에 취하는 것이 '인(仁)'이다. '나'를 내세우고 고집하며 밀어붙이면 '인(仁)'은 무너지고 결국 세상과 나 자신 모두가 혼란에 빠지게 된다.

2.

하늘 향해 피는 꽃/땅에 굽어 피는 꽃//하늘이 고맙다고/대지가 고맙다고//땅꽃이 하늘을 봅니다./종꽃이 땅을 봅니다.

(김영기, 「고마움 아는 꽃」 전문)

'인(仁)'은 모든 것을 사랑하고 존중해주는 마음이다. 하늘을 향해 피는 꽃과 땅에 굽어 피는 꽃은 서로 상대적인 것이 아니라 조화로움을 뜻한다. 경쟁하는 게 아니라 더불어 사는 모습이다. 옳고 그름이 아니라 좌우의 날개다.

"남자는 당당하게/큰길로만 다녀라."//그런데 나에게는/에움길이 필요해//큰길엔 매연과 소음/차들의 갑질, 난 싫어//그곳엔 꽃도 피고/새 노래 반겨줬어//내 마음 달래주는/엄마의 품이었지//큰길만 따르다 보니/잊어버린 에움길.

(김영기, 「에움길」 전문)

누군가 맹자에게 "남녀가 서로 손을 주고받지 않는 것이 예입니까?"라고 묻자 맹자가 그렇다고 대답해주었다. 그러자 상대는 다시 "만약 형수님이 물에 빠졌다면 손을 내밀어야 합니까 아니면 예에 어긋나니 손을 내밀지 말아야 합니까?"라고 다시 물었다. 그러자 맹자는 조용히 이렇게 대답했다.

"형수가 물에 빠졌는데 손을 내밀지 않는다면 짐승이라 할 수 있습니다. 천하가 물에 빠지면 도(道)로 건져내고, 형수가 물에 빠지면 손으로 건져내는 것이 바른 것이지요. 선생께선 손으로 천하를 건져내십니까?"

나의 행동이 나를 규정한다. 상황에 따라 적절하게 하는 것이지 미리 고정된 틀을 만들어놓고 그것에 따르는 것은 올바른 자세가 아니라는 뜻이다. 우리가 흔히 말하는 '자절사(子絶四)'에서도 이러한 가르침을 얻을 수 있다. 자기 마음대로 생각하는 것, 기필코 이루려는 개인의 의지, 자신의 정체성에 대한 고집, 나를 앞세우는 자기중심적인 생각을 끊어버렸다는 뜻이다. 큰길을 가야 할 때는 큰길로, 에움길로 가야 할 때는 에움길로 가는 것, 그것이 바로 인(仁)을 실천하는 길이다.

처마의 고드름이 햇빛에 뚝뚝뚝/내가 만든 눈사람/마당에서 뚝뚝뚝/해 뜨면/눈의 눈물에/꽃씨가 반짝 눈 뜰까요?

(김영기, 「뚝뚝뚝」 일부)

엉금엉금/아기처럼/기어 다닌/봄바람이//여름내/푸름푸름/가으내/토실토실//어느새/칼바람 되어/빙판 위를/씽씽씽

(김영기, 「바람도 자라서」 전문)

"바른 마음을 지니고 그 마음을 더욱 크게 자라나게 하는 것은 한 순간에 바로 이루어지지 않는다. 그것은 마치 새로운 계절이 시작되는 것처럼 미묘하고 조용한 변화라고 할 수 있다. 확연하게 드러나는 게 아니다. 봄의 시작을 누가 세밀하게 알 수 있는가. 그러므로 겉으로 드러나는 게 없

을지라도 포기하지 말고 꾸준히 노력해야 한다. 그렇게 꾸준한 노력이 이어지면 자기도 모르는 사이에 계절이 바뀌는 것처럼 바른 마음이 자라난다. 이처럼 서서히 이루어지는 게 바로 바른 마음을 키우는 것이다. 단박에 이루려고 하면 안 된다. 세상의 모든 것들이 다 이러하다. 나무가 자라나는 것은 눈으로 보이지 않는다. 그러나 세월이 흐르면 훌쩍 커버린 나무를 확인할 수 있다. 마음을 키우는 것도 이와 다르지 않다. 잠시도 쉬어서는 안 되고 게으름을 피워서도 안 된다."

중국 송나라의 학자 진덕수(眞德秀)의 말처럼, 처마의 고드름이 흘린 눈물이 씨앗을 움트게 한다. 그렇게 돋아난 싹이 점점 자라나 무성해진다.

김영기의 동시조집 『달팽이 우주통신』은 조화와 균형을 통해 우주로 뻗어나가는 '호연지기(浩然之氣)'를 노래하고 있다.

3.

골목 안/쓰레기 수북한 공터,//삐죽이/고개 내민//이름 모를/풀꽃에도//팔랑팔랑/나비가 찾아온다.

(최진, 「봄날」 전문)

휘어지고,/무너지고,/자빠지고,/엎어지고…,//그러면서/한 뼘/더 자라고….

(최진, 「풀」 전문)

공자가 제자들과 함께 진나라에 머물 때의 일이다. 뜻대로 되는 일이 없어 공자 일행들은 굶으며 시간을 보내게 되었다. 제자들 중에 쓰러져 일어나지도 못하는 사람들이 나타나기 시작했다. 이러다가는 모두가 굶어죽을 판이었다. 평소 입바른 소리를 잘 하던 거친 성격의 자로(子路)가 화를 참지 못하고 공자에게 따지듯 물었다.

"선생님이 말씀하신 군자의 길이 이토록 초라하고 곤궁한 것입니까?"

제자의 거친 도발에 공자는 조용히 대답했다.

"군자는 어려움이 닥쳐야 비로소 단단해진다. 어려움이 닥치면 바로 흘러넘치는 소인과는 다르다."

평소 일상생활에서 소인과 군자는 크게 다른 게 없다. 평안하고 풍족할 때에는 더욱 그러하다. 언제 차이가 나는가. 어려움에 부딪쳤을 때 차이가 난다. 굶주릴 때 다른 사람의 것을 폭력으로 빼앗거나 화가 났을 때 앞뒤 가리지 않고 날뛰는지 여부를 봐야 그가 군자인지 소인인지 알 수 있게 된다. 어떠한 상황에서도 흔들리지 않고 올바름을 추구하는 자세를 보이는 것, 그것이 바로 군자의 길이라는 뜻이다.

"하늘이 어떤 사람에게 큰 임무를 내리려 할 때에는, 반드시 먼저 그의 마음과 뜻을 고통스럽게 하고, 그의 힘줄과 뼈를 피곤에 지치게 하고, 그의 육신과 살갗을 굶주림에 시달리게 하고, 그의 몸에 아무 것도 남아 있지 않게 만든다. 그리고 그가 하려고 의도하는 일을 엉망으로 만든다. 그렇게 그 사람의 몸과 마음을 뒤흔들어놓아 자신의 분노와 화를 참고 견디는 방법을 익히도록 한다. 그렇게 하여 예전에는 해낼 수 없던 일들을 잘 할 수 있게 만들어준다."

맹자의 말이다. 시련 속에서도 올바른 길을 가겠다는 뜻을 버리지 않는 사람만이 더 성장할 수 있다. 쓰레기 속에 있더라도, 휘어지고 무너지고 자빠지고 엎어지더라도, 시속 1,670km로 뱅글뱅글 돌며 시속 107,000km로 날아가고 있는 상황이더라도, 포기하지 않으면 된다. 나비도 찾아오고 한 뼘 더 자라나기 때문이다.

고 작은/몸속에//소나기와 햇살,/바람까지 다 품고//빨갛게/빨갛게 익은//대추/한 알.

(최진,「대단하다」전문)

별 좋은 날/탁! 탁!/장작을 패면/건넛산/메아리도/쩡! 쩡!/장작을 팬다./장작개비는/차곡차곡/처마 밑에 재이고,/메아리는/자욱자욱/귀에 재이고....

(최진,「장작 패기」전문)

"우리는 모두 본래 바른 이치를 가지고 태어났다. 그러나 어떤 이는 성인(聖人)이 되기도 하고 어떤 이는 짐승처럼 되기도 한다. 그러므로 정신을 바짝 차려야 한다. 바른 마음이 가리키는 곳으로 나아가고 사사로운 욕심을 적절히 조절하면 가능하다. 멀리서 구하려고 힘겹게 노력하지 않아도 된다. 바로 내 마음속에 있는 것이기 때문이다. 내 마음속에 요(堯)임금과 순(舜)임금이 있고 탕왕(湯王)과 무왕(武王)이 있고 공자와 맹자가 있다. 잊고 있을 뿐이다. 사사로운 욕심에 가려져 보이지 않을 뿐이다. 그 장막을 걷어내면 환하게 알 수 있다. 자신의 집에 엄청나게 많은 보물이 있음에도 불구하고 자신의 집은 둘러보지 않고 밖으로 돌아다니며 엉뚱한 곳을 찾아 헤매는 사람은 얼마나 우매한 사람인가. 게다가 현명한 사람이 다가와 '당신의 집에 보물이 있으니 찾아보시오.'라고 말해주었는데도 그 말을 믿지 않는다면 또 얼마나 답답한 일인가. 또 어떤 사람은 '난 우리 집에 보물이 있다는 것을 안다.'라고 말하면서도 직접 찾으려고 하지는 않는다. 그저 말만 할 뿐이다. 이 또한 무슨 소용이 있겠는가."

조선의 학자 이이(李珥)가 우리에게 주는 조언이다. 대추 한 알만이 대단한 게 아니다. 우리도 마찬가지다. 그걸 깨닫는 순간 성장한다. 먼 옛날 선배 학자들의 조언이라 하더라도 귀 기울이면 들린다. 마치 건넛산에서 장작 패는 소리가 내 귀에 쩡쩡 울리는 것과 같은 이치다.

    최진의 동시집 『빗방울의 말』은 스스로 포기하고 싶을 때 힘을 주는, 쩡쩡 울리는 장작 패는 울림을 담고 있다.

묶어주고 같게 하는
마법의 세계

최영재 동시집 『고맙지, 고맙지』(아침마중, 2021.8.)
전병호 동시집 『민들레 씨가 하는 말』(스토리, 2020.6.)

1.

흔히 '수학'이라고 하면 머리가 아프다고 말하는 사람이 많다. 실생활과 관련이 없어보이는 복잡하고 어려운 기호와 등식 등을 떠올리기 때문이다. 그러다 좀더 깊이 생각해보면 수학은 매우 아름답고 화려하며 삶을 살아가는 우리에게 많은 지혜를 주는 학문이다.

서로 다른 것들을 하나로 묶어주고 등식과 등호를 통해 서로 다르게 보이는 것들을 같은 것이라고 알려주는 관계의 미학을 지니고 있기 때문이다.

'2+3=5'라는 등식을 보자. 2와 3은 서로 다른 것이지만 이를 + 기호를 통해 묶어주니 5와 같은 것이 되어버렸다. 2, 3, 5는 서로 전혀 다른 것이었지만 수학은 기호를 통해 이를 같은 것으로 묶어주는 마법을 보여준다. 0과 1 사이에 내재된 무한의 세계도 보여준다.

다른 것을 묶어주어 같게 만들고 작은 것 속에 내재된 큰 것을 보여주는 마법을 동시집에서 찾아보았다.

2.

꺼질 때 박수 받지요.//아기가 단숨에 끄지 못한 촛불/엄마가 대신 불어 끄고 짝짝짝//꺼진 초가/뽑혀 나가자//"우와, 맛있겠다!"/더 크게 손뼉 치지요.

(최영재, 「생일 케이크 촛불」 전문)

발전과 상승, 더하기와 증가만이 미덕이 아니다. 활활 타오르는 것만이 아름다운 게 아니다. 꺼질 때 박수 받는 것도 있고 뽑혀 나갈 때 박수 받는 것도 있다.

더하기와 빼기, 곱하기와 나누기가 적절히 조화를 이루면 거기에 삶의 지혜가 있다. 켜지거나 꺼지는 것, 새로 심거나 뽑는 것이 적절히 이루어질 때 아름다움이 함께 한다.

"《주역(周易)》에 나오는 수(隨) 괘는 자신의 사사로운 뜻을 버리고 내 앞에 있는 것을 따라간다는 것을 의미한다. 나를 버리고 남을 따르는 것이다. 아랫사람의 바른 말을 듣고 윗사람이 그에 따른다. 그렇게 하면서도 아랫사람이 윗사람을 우습게 여기지 않을까 걱정하지 않는다. 옳은 말을 들어주니 오히려 존경하게 된다. 내가 나의 고집을 버리고 남을 따르면 남도 나를 따르게 된다. 그렇게 되면 모든 일들이 순조롭게 풀린다. 조화를 이루기 때문이다. 더 나아가 올바른 것을 따라갈 때에는 그 자리에 연연하지 말아야 한다. 올바른 길을 향하고 있을 때에는 나의 자리가 낮고 미천하더라도 상관하지 말아야 한다. 현명한 사람은 올바름을 추구하는 것이지 명예로운 것을 추구하는 것은 아니기 때문이다. 세상 사람들은 그 방향은 따지지 않고 높은 자리라면 좋아하고 낮은 자리라면 부끄러워한다. 그러나 현명한 사람은 올바른 방향을 향해 나아가는 것을 좋아하며 올바르지 않은 방향을 향해 나아가는 것을 부끄러워한다."

송나라의 학자 정이(程頤)의 말이다. 촛불이 꺼지고 뽑혀나가더라도 즐거워하는 이유가 여기에 있다.

두 살 아기가/잔디밭에서/아장아장 걷다가//토끼풀 더미를 보고/납작 엎드려/동그란 꽃 냄새 맡으니//토끼풀도 좋아라/아기 냄새를 맡습니다.
(최영재,「아기 냄새」전문)

아기가 토끼풀이 되고 토끼풀이 아기가 되는 등식이 성립된다. 또 둘을 더하니 아기도 토끼풀도 사라지고 그저 자연이 된다. 관심을 갖게 되면 더하기가 되고 사랑을 느끼면 하나가 된다. 서로 떨어져 있을 때는 몰랐던 것들을 관심의 등식으로 연결하면 조화로운 세상이 모습을 드러낸다.

아무리 어루만져도 도드라진 데 없다./-모난 사람 되지 말아라.//손가락 끝 다섯 개 눈이 샅샅이 뒤졌으나/거친 곳 찾지 못했다./-부드러운 사람 되어라.//찐 달걀을 뺨에 댄다./-따뜻한 사람 되어라.//달걀, 하고 말하면 혀가/입안을 달걀처럼 동글동글 굴린다.
(최영재,「달걀의 말씀」전문)

아버지는 북한산 능선에 올라와/이쪽 산은 형이 갖고/저쪽 산은 동생이 가져라.//사계절 꽃이 피고/새가 종일 저렇게 지저귈 것이다./다 너희 것이니 맘껏 감상하여라.//세금 내라 할 사람 없고/산을 떠갈 사람 없다./맘 놓고 하나씩 가져라.

(최영재, 「어린이날 선물」 전문)

"세상의 모든 사람들은 나의 스승이다. 착하고 바른 사람을 본다면 그것을 본받고, 악하고 비뚤어진 사람을 본다면 스스로를 나에게 반성할 수 있기 때문이다. 이렇게 생활하면 자신을 바르게 만들 수 있다."

《명심보감(明心寶鑑)》에 나오는 말이다. 세상 모든 사람이 나의 스승이 되는 것처럼 세상의 모든 물건도 마찬가지다. 산과 바다, 풀과 나무, 짐승도 달걀도 나의 스승이 될 수 있다. 그들이 무엇인가를 가르쳐주어 그렇게 되는 게 아니다. 내가 찾아내어 깨우치기 때문에 스승이 되는 것이다.

그러한 깨달음은 방안에서 이루어지지 않는다. 온통 벽으로 막힌 방안은 아침과 저녁이 같고 여름과 겨울이 같다. 변화를 감지하지 못하기 때문이다. 비가 내려도 젖지 않고 눈이 내려도 얼지 않는다. 어두워져도 불을 켜면 환하다. 바람이 불어도 흔들리지 않는다. 그런 상황에서는 배움도 없다. 탁 트인 대자연의 끄트머리라도 경험해야 깨우침을 얻을 수 있다.

최영재의 동시집 『고맙지, 고맙지』는 서로 묶어주고 더해주어 자연과 함께 하나가 되는 마음으로 살아가라는 깊은 가르침을 준다.

3.

앞산이 들려준다.//이게/네 목소리야.

(전병호, 「메아리」 전문)

하나가 될 순 없지만/같이 갈 수 있다.//손도 잡을 수 있다.

(전병호, 「철길」 전문)

전병호의 동시집 『민들레 씨가 하는 말』은 4행 이내로 쓴 작품만 모은 동시집이다. 매우 특이한 시도라고 할 수 있다. 모든 작품이 짧고 간결하지만 품고 있는 내용은 길고 깊다. 이러한 시도는 최근의 흐름과도 어울린다. 스마트폰 화면 안으로 들어가 한 편의 시를 한 화면으로 즐길 수 있기 때문이다. 물론 짧은 길이에 매몰되어 내용을 상실하는 우를 범한다면 모르겠지만 탄탄한 내용이 함께 한다면 더없이 훌륭한 시도라고 할 수 있다.

「메아리」에서는 타자를 통해 나의 존재를 확인하는 깊은 사유가 담겨 있고 「철길」에서는 '화이부동(和而不同)'이라는 교훈이 함께 한다.

빗물 한 방울/더 담으려는 순간//가진 것도 다 쏟았다.

(전병호, 「연잎」 전문)

땅을 향해/나팔을 분다.

(전병호, 「천사의 나팔꽃」 전문)

내 손에 잡힌 매미는/울지 않았다./내가 잡은 것은 매미 몸!

(전병호, 「매미 소리는 날아갔다」 전문)

깊은 밤/벽 속에서.개가 짖는다.//얼마나 밖으로 나오고 싶을까.

(전병호, 「아파트」 전문)

서로 자기가 가장 단단하다고?/그럼 하나는 깨질 수밖에!

(전병호, 「깨진 돌이 하는 말」 전문)

한 편을 읽을 때마다 깊은 사유의 흔적을 느낄 수 있다. 한 방울 더 담으려다 가진 것 다 쏟은 연잎과 땅을 향해 나팔을 분다는 표현은 단순한 기법을 넘어 세상에 대한 시선의 깊이를 말해준다.

매미를 잡았지만 그건 빈껍데기뿐이라는 깨우침과 벽 속에서 짖는 개는 '나는 누구인가'라는 근원적인 질문을 포함하고 있다.

"세상이 처음에는 텅 비어있어 마치 아무 것도 없는 것처럼 보이지만, 사실은 그 비어있음 속에 이미 모든 사물이 빽빽하게 갖추어져 있었다. 다만 그것이 아직 겉으로 드러나지 않았을 뿐이다. 음과 양이 서로 반응하여 만들어진 것이 지금의 세상이지만, 서로 반응하기 전이라 하더라도 이미 모든 기운이 내재되어 있는 상태였다. 커다란 나무를 예로 들어 설명하겠다. 커다란 나무는 처음부터 그토록 큰 모습을 갖춘 것은 아니었다. 작은 나무가 점점 자라나 큰 나무가 된 것이다. 그러므로 작고 어린 나무 속에는 이미 큰 나무의 모습이 갖추어져 있었음을 알아야 한다. 뿌리와 가지와 입사귀가 서로 면밀하게 연결되어 있는 것과 마찬가지로 작고 어린 나무와 큰 나무도 서로 면밀하게 연결되어 있는 것이다."

우주탄생에 대한 송나라의 학자 정이의 설명이다.

전병호의 동시집 『민들레 씨가 하는 말』은 가벼운 깃털에 실린 무거운 화두(話頭)다. 정이의 말처럼 '비어있음 속에 이미 모든 사물이 빽빽하게 갖추어져' 있다.

사람은 무엇으로 사는가

박방희 동시집 『**달빵**』(초록달팽이, 2021.10.)
박해경 동시집 『**우끼가 배꼽 빠질라**』(책내음, 2021.8.)

1.

 러시아의 소설가 톨스토이가 쓴 소설 『사람은 무엇으로 사는가』에는 하늘에서 땅으로 내려온 천사 미하일이 등장한다. 거지처럼 헐벗은 모습으로 세상에 온 미하일은 가난한 구두장이 시몬의 배려로 그의 밑에서 구두를 만들며 6년을 살아가다가 다시 하늘로 돌아간다. 하늘로 돌아가기 전에 그는 신(神)이 자신에게 내준 숙제를 이제야 풀었다고 털어놓는다. 신이 그에게 준 숙제는 '사람의 마음속에는 무엇이 있는가? 사람에겐 자기 미래를 내다보는 지혜가 있는가? 사람은 무엇으로 사는가?'에 대한 해답을 찾으라는 것이었다. 미하일이 찾은 해답은 무엇이었을까. '사람의 마음속에는 사랑이 있다. 미래를 보는 지혜는 없다. 사람은 사랑으로 산다'였다.

미하일이 찾은 답은 맞는 것일까? 두 시인의 동시집 속에서 이를 찾아보았다.

2.

얼어붙은 벌판을//맨발로/건/너/와//냉이꽃이 되고,/제비꽃이 되고.
(박방희,「봄봄」전문)

『사람은 무엇으로 사는가』에서 술을 걸치고 집으로 돌아가던 시몬이 발견한 것은 벌거벗은 채로 길가에 앉아있는 초라한 남자였다. 그냥 지나치려 했지만 차마 그렇게 하지 못하고 자신의 외투를 입혀 집으로 데려온다. 그가 천사라는 사실은 까맣게 모르는 상태로.

하늘의 천사가 찾아온다는 것은 그저 소설에서나 등장하는 허구에 불과한 것일까. 시인은 아니라고 말한다. "얼어붙은 벌판을 맨발로 건너와" 꽃이 되는 것을 그냥 지나치지 말고 살펴보라고 말한다. 그 안에 천사가 있다고. 그게 봄이라고.

"봄의 시작을 누가 세밀하게 알 수 있는가. 그러므로 겉으로 확연하게 드러나는 게 없을지라도 포기하지 말고 꾸준히 노력해야 한다. 그렇게 꾸준한 노력이 이어지면 자기도 모르는 사이에 계절이 바뀌는 것처럼 바른 마음이 자라난다. 이처럼 서서히 이루어지는 게 바로 바른 마음을 키우는 것이다. 단박에 이루려고 하면 안 된다. 세상의 모든 것들이 다 이러하다.

나무가 자라나는 것은 눈으로 보이지 않는다. 그러나 세월이 흐르면 훌쩍 커버린 나무를 확인할 수 있다. 마음을 키우는 것도 이와 다르지 않다. 잠시도 쉬어서는 안 되고 게으름을 피워서도 안 된다. 그렇게 꾸준히 노력하여 싹이 솟아오르면 그것을 잘 키워나가야 한다. 불씨가 살아오를 때 조심스럽게 바람을 불어넣는 것처럼, 샘물이 솟아오를 때 조심스럽게 물꼬를 터주는 것처럼 정성을 다해야 한다. 그렇게 정성을 기울이면 처음에는 작은 씨앗 하나에 불과했지만 그것이 점점 커져 세상 전체를 뒤덮게 될 것이다. 바른 이치가 세상을 가득 채우게 된다는 뜻이다."

중국 송나라의 유학자 진덕수(眞德秀)의 말이다. 진덕수의 설명을 축약하면 「봄봄」이 된다.

쪼글쪼글/우리 할머니/주름옷 지어//이마에서 발끝까지/온몸에 걸치셨다.
(박방희, 「주름을 입다」 전문)

할아버지 이마에/갈매기가 살아요.//주름 속에 파고들어/날개를 펴곤 해요.//한 마리 두 마리/세 마리 네 마리/언젠가 갈매기들이/할아버지를 메고/훨훨 날아갈 것만 같아요.
(박방희, 「갈매기」 전문)

하나 둘/물속으로 걸어 들어가/다리가 되었다.//뚜벅뚜벅/물속으로 들어가/길이 되었다.
(박방희, 「징검돌」 전문)

『사람은 무엇으로 사는가』에서 땅으로 내려온 천사 미하일은 알몸으로 차가운 길바닥에서 웅크리고 있던 자신을 시몬이 외면하지 않고 데려가

대접하는 것을 보고, '사람의 마음속에는 하느님의 사랑이 있음'을 깨달았으며 어느 귀족이 1년을 신어도 끄떡없는 구두를 주문했지만 그가 곧 죽을 것을 알았기에 '사람에게는 자기미래를 보는 지혜가 없구나'를 깨달았고 엄마를 잃은 아이들을 사랑으로 키우는 어느 부인을 보고 '사람은 사랑으로 산다'는 사실을 깨달았다고 말한다. 그 말을 마치고 미하일은 하늘로 돌아간다.

주름옷을 걸치고 갈매기와 함께 살아가는 할머니와 할아버지도 하늘을 향해 날아간다고 시인은 말한다.

"하늘이라고 하여 저 높은 곳에 있는 것을 말하는 게 아니다. 모든 것이 바로 하늘이다. 세상은 하늘로 가득하다. 네가 어디에 있든 항상 너와 함께 한다. 하늘은 바로 바른 이치를 뜻하기 때문이다. 바른 이치가 없으면 물건도 없고 땅도 없고, 지금 현재도 없다. 이 세상이 바른 이치와 함께 하지 않은 때는 잠시도 없었다. 그러므로 늘 하늘과 함께 한다. 그런데 어떻게 잠시라도 소홀하게 할 수 있겠는가."

조선의 대학자 이황(李滉)의 말이다. 시인이 말하는 할머니와 할아버지는 늙어서 사라지는 게 아니라 하늘과 동화(同化)되는 것이다. 뚜벅뚜벅 험한 세상 속으로 걸어 들어가 우리들에게 길을 보여준다.

박방희의 동시집 『달빵』은 얼어붙은 겨울 알몸으로 태어나 서로에게 징검돌이 되어주는 선(善)한 사람들의 일생을 보여준다. 길을 보여준다.

3.

우리 집/대청소 하는 날//소파 밑에 숨어 있던/내 양말 한짝//싱크대 밑에서는/젓가락 하나가 삐죽//신발장에는/엄마 털신이 빼꼼//옷장 속에는/아빠 장갑이 시무룩//짱깔래미 없어/버려질까 조마조마.

(박해경, 「짱깔래미」 전문)

박해경의 동시집 『우끼가 배꼽 빠질라』은 울산 지역의 사투리를 이용해 쓴 작품만 모은 동시집이다. 우리가 흔히 접하는 기획 동시집인 셈이다. 그러나 기획만 남고 시(詩)는 찾아보기 힘든 비슷한 부류의 동시집과는 차별된다. 기획을 했음에도 불구하고 시(詩)를 잃지 않았기 때문이다.

밭일하다 발목을 다친/영천댁 할머니/움직이지 못하고 누운 날 밤.//"불이야 산불이야"/소리에/마을 사람 하나둘/할머니 집으로 달려왔다.//"퍼뜩 업히소 내 등더리에 업히소"/내미는 등더리가/고래 등더리 같이 넓었다고/산불보다 더 붉어지는 할머니 눈시울.

(박해경, 「등더리」 전문)

『사람은 무엇으로 사는가』에서 시몬의 구둣방을 찾아온 부인은 두 아이를 데려와 구두를 만들어달라고 주문한다. 두 아이 중 한 아이는 발에 장애를 가지고 있었으므로 세 개의 신발을 만들어야 한다고 말했다. 주문한 신발을 만들고 있는 동안 천사 미하일은 부인과 대화를 나누며 사연을 듣고 이웃에 살던 부모를 잃은 아이를 데려와 자기 아이처럼 소중히 돌보고 있다는 사실을 알게 된다. 이를 통해 '사람은 무엇으로 사는가?'라는 질문에 '사랑으로'라는 답을 얻게 된다.

「짱깔래미」에 등장하는 옷장 속에서 나온 짝 잃은 아빠 장갑은 버려질까 두려워 하지만 「등더리」의 영천댁 할머니는 두려워할 필요가 없다. 이웃들이 있기 때문이다.

"세상의 모든 것은 '성(性)'을 지니고 있다. 다만 그것이 다른 것들과 서로 통하느냐 통하지 않느냐, 막혀 있느냐 열려있느냐에 따라 사람과 사람이 아닌 것으로 구별되며, 서로 잘 통하느냐 혹은 통하기는 하지만 어렵게 통하고 때론 막히느냐, 활짝 열려 있느냐 혹은 살짝만 열려 있어 때론 연결되고 때론 막히느냐에 따라 지혜로운 사람과 어리석은 사람이 구별되는 것이다. 꽉 막힌 사람은 막힌 게 두터워서 나중에 열심히 노력해도 열기 힘들며, 엷게 막힌 사람은 작은 노력으로도 쉽게 열 수 있다. 그러나 두텁든 엷든 열심히 노력하여 결국 막힌 것을 열게 되면 하늘과 땅, 자연의 이치에 시원스럽게 도달하여 성인(聖人)이 될 수 있다."

중국 송나라의 학자 장재(張載)의 말이다. 시인이 보여주는 영천댁 할머니와 이웃 사람의 등더리가 바로 활짝 열린 소통이다. 성인(聖人)이다.

가끔 길을 잃어버리는/우리 할머니 개줌치에는/할머니 이름은 없고/아빠 이름/아빠 전화번호가/적혀 있는 이름표가 달려 있다.//빨간 글씨로/"꼭 연락 부탁드립니다."/머리 숙여 인사하는/아빠 모습도 들어 있다.

(박해경, 「개줌치」 전문)

5월 8일은/엄마가 호박죽을 해놓고 우는 날//우리 자태를 떠난/외할머니가 좋아하던 호박죽.

(박해경, 「자태」 전문)

『사람은 무엇으로 사는가』에서 땅으로 내려온 천사 미하일은 '사람은 사랑으로 산다'는 해답을 얻고 하늘로 올라간다.

할머니 개줌치(호주머니) 속에 들어 있는 아빠의 연락처와 외할머니를 생각하며 호박죽을 해놓고 우는 엄마도 다르지 않다. 시인이 말하는 것은 사투리에 얽매이지 않는다. 오히려 사투리 너머에 존재한다.

"인(仁)은 무엇인가. 사랑하고 존중하여 서로 화합하고, 끊임없이 관심을 기울여 서로 막히지 않고 연결되는 마음이다. 세상을 내 몸처럼 아끼고 존중하며 사랑하는 마음이다. 꽃이 피고 바람이 불고 풀이 돋아나면 그 모든 것이 마치 내 몸에서 일어나는 일처럼 반응하고 느끼게 되는 것과 같다. 닫혀 있거나 관심을 갖지 않으면 느끼지 못한다. 그렇게 온 세상을 느끼게 되면 세상의 모든 것들이 각기 짝을 이루어 조화를 이루고 있다는 사실을 깨닫게 된다. 누군가 억지로 안배한 게 아니라 자연이 스스로 그렇게 되었음을 깨닫게 되면, 너무나 신기하여 그 모습이 참으로 아름답고 황홀하기까지 하다. 그렇기에 나도 모르게 덩실덩실 춤을 추고 싶다는 생각이 들기도 한다."

중국 송나라의 학자 정호(程顥)의 말이다. 할머니 호주머니 속에서 고개 숙이는 아빠의 모습은 춤추는 모습이며 호박죽을 해놓은 엄마의 울음소리는 노래다. 사랑으로 충만한 세상을 향한, 그런 세상을 만들기 위한 노력이다.

박해경의 동시집 『우끼가 배꼽 빠질라』는 아름다운 세상을 만들기 위한 기도(祈禱)다. 그 기도를 사투리로 살짝 가렸기에 더욱 돋보이는 노래다.

장수(長壽)의 비결

이문석 동시집 **『줄은 기러기 줄』**(아침마중, 2021.10.)
김선영 동시집 **『토닥토닥 책 병원』**(소야, 2021.12.)

1.

늙지 않고 오래 사는 '불로장생(不老長生)'에 대한 갈망은 동서고금을 가리지 않는다. 실제로 '불로장생'했다고 알려진 사람도 있다. 대표적인 사례가 프랑스의 생 제르맹 백작(Count of Saint Germain)이다.

그에 대한 공식적인 기록은 1710년부터 존재한다. 언제 태어났는지 알 수는 없지만 1710년 그를 만난 사람은 그를 가리켜 '50세 정도의 나이'였다고 말하고 있다. 이후 그는 사교계를 주름잡다가 1784년 사망한 것으로 되어 있지만 1784년 이후에도 그를 만났다고 주장하는 사람들이 여러

명 나타나자 그가 죽지 않고 살아있다는 소문이 유럽 일대를 휩쓸기도 했다. 프랑스의 저명한 사상가이자 작가인 볼테르(1694~1778)는 생 제르망을 언급하며 "절대 죽지 않는, 모든 것을 알고 있는 한 남자가 현재 유럽의 사교계를 장악하고 있다"라는 기록을 남기기도 했을 정도로 그는 당대의 유명 인사였다. 현란한 말솜씨로 사람들을 사로잡은 그는 공식적으로 사망했다는 기록을 남긴 1784년 이후에도 사람들 앞에 나타나 대화를 나누었다는 기록이 남아 있다. 1821년 어느 백작부인이 그를 만났다는 기록을 남겼으며 당시 프랑스에서 이탈리아 베네치아로 파견된 대사도 생 제르망을 만났다고 증언하고 있다.

어떻게 이런 일이 일어날 수 있는 것일까? 그는 정말로 불로장생을 실현한 사람이었을까? 중국의 사상가 노자(老子)의 말에서 열쇠를 찾을 수 있다.

"가장 오래 장수하는 사람은 누구인가. 죽은 이후에도 사람들이 잊지 않고 기억해주는 사람이 가장 오래 장수하는 사람이다(死而不亡者壽)."

노자의 말에 의하면 불로장생하는 사람은 죽지 않는 신선을 뜻하는 게 아니라 죽은 후에도 모두가 기억해주는 사람을 의미한다.

죽음은 끝이 아니다. 잊어야 끝이다. 잊지 않는다면 끝이 아니다. 그러므로 장수(長壽)의 비결은 누군가로부터 잊히지 않는 것이다.

2.

오랜 나무//커다란 몸통을 잘라/불에 사르면//나무의 나이테는/바람이 되어 돌아다닐 거야.//봄,/여름,/가을과 겨울.//내내 죽지 않는 바람이 되어/이 세상 두루두루/돌아다닐 거야.

(이문석, 「바람1」 전문)

시인이 말하는 '죽지 않는' 것의 의미는 무엇인가. 바람이 되어 돌아다니는 것이다. 자유로움이다. 생명을 지닌 모든 것들은 오히려 죽음이라는 속박에 얽매여 있다. 그 속박에서 벗어나는 것이 자유를 찾는 길이다. '나이테'라는 줄에 꽁꽁 묶여 있는 나무는 '나이테'라는 줄을 풀고 바람이 되었다. 자유를 찾았다.

"나도 건강하게 오래 사는 것을 원한다. 그러나 그것보다 더 강렬하게 원하는 게 있다. 올바르게 사는 게 바로 그것이다. 그렇다고 내가 죽음을 좋아하는 것은 아니다. 나도 죽음을 싫어한다. 그러나 죽음보다 더 싫어하는 것이 있다. 구차하게 사는 것이다. 그러므로 올바르게 사는 게 아니라 구차하게 사는 것이라면 나는 사는 것을 택하지 않고 죽음을 택하겠다고 말하는 것이다. 죽음을 피하지 않겠다는 것이다. 만약 건강하게 오래 사는 것보다 더 중요한 것이 없다면 모든 사람들이 삶을 유지하기 위해 수단과 방법을 가리지 않게 될 것이다. 그런 세상을 나는 바라지 않는다. 사는 것보다 더 절실하게 원하는 게 있어야 사람이다. 죽음보다 더 절실하게 싫어하는 것이 있어야 사람이다."

맹자(孟子)의 말이다. 이 얼마나 호쾌한 발언인가. 죽음을 선택하는 이유가 어찌 이처럼 활기차고 강력할 수 있단 말인가. 바람이 된 나무에서 맹자가 보이는 이유다.

이렇게 멀리 올 줄 몰랐다./이렇게 오래 떠돌 줄 몰랐다.//잠깐 바람에 흔들렸을 뿐인데/잠깐 엄마 손을 놓았을 뿐인데

(이문석, 「민들레 꽃씨」 전문)

그냥 밟아보고 싶어서/아이는 새하얀 눈밭을 걸었습니다.//얼마나 걸었을까?/눈보라는 앞을 가리는데/떠나온 집은 보이지 않고/돌아갈 발자국도 지

워져 버리고/아이는 그만 울음을 터뜨렸습니다.//텅 빈 눈밭에 홀로 선 아이./아이는 이제 혼자서 가야 합니다.//가고 싶었던 곳/멀리 보이던 푸른 숲까지.

(이문석, 「눈밭에서」 전문)

왜, 어떤 일을 하기 위해 태어났는지 아는 사람은 아무도 없다. 내가 태어날 때, 나는 그 일에 관여하지 않았다. 그저 낯선 곳으로 던져졌을 뿐이다. 우리는 나도 모르는 사이에 출발선에 섰을 뿐이며 목적지도 모른다. 무작정 가야 한다. 왜 살아야 하는지 이유도 모르는 상태에서 앞으로 나아가야 한다. 그렇다면 어떻게 길을 찾아야 하는가. '가고 싶었던 곳'은 어디인가.

'멀리 보이던 푸른 숲'에 힌트가 있다. '푸른 나무'가 아니라 '푸른 숲'이라는 점에 주목해야 한다.

"밝은 대낮에 하늘로 날아서 올라가는 따위의 신선은 세상에 없다. 그러나 깊은 산속에서 자연과 함께 호흡하며 자신의 몸과 마음을 가다듬어 건강하게 장수하는 사람은 있을 수 있다. 비유하자면 화롯불을 바람 부는 밖에 놓아두면 다 타버려 금방 꺼지지만 조용한 방안에 놓아두면 오랫동안 유지되는 것과 같다. 그러나 스스로를 위해 자기 수명만 늘리는 것이 중요한 일이라 생각하는가? 만약 주공(周公)과 공자(孔子)가 모든 사람들을 위해 살아가지 않고 단지 자기 자신만을 위해 살았다면 신선이 되었을지도 모른다. 그러나 그들은 그렇게 살지 않았다. 자기 자신만이 아니라 우리 모두를 위해 살았다. 그렇기에 신선이 아니라 성인(聖人)이 된 것이다."

중국 송나라의 학자 정호의 말이다. 혼자가 된 아이는 엄마를 찾아가야 한다. 엄마는 개별적인 특정 인물이 아니라 생명을 자라나게 만든 자연을 지칭한다. 그렇기에 나무가 아니라 숲이다. '엄마'와 '숲'은 우리 모두를 뜻한다. 나무 한 그루가 죽더라도 숲은 죽지 않으니까. 나무 한 그루에 집착하면 속박이지만 숲이 되면 자유롭다.

이문석의 동시집 『줄은 기러기 줄』이 말하는 '불로장생'은 생명에 대한 집착이 아니라 영원한 자유로움에 대한 갈망이다.

3.

꾹떡꾹떡 눈 위에 발자국 찍기/향나무 아래 맨땅 콕콕콕 쪼아대기/실지렁이 같은 끈을 물고/잡아당기다 퉁- 놓고/끌어당기다 퉁- 놓고/한 가지 위로 폴-짝/두 가지 위로 폴-짝/물끄러미 바라보던 강아지/놀고 싶어 달려오면/어느새 나무 꼭대기로/쪼로롱 날아올라/나 잡아봐라 쫑알쫑알//하루 종일 그렇게 놀더라.

(김선영, 「까치가 노는 법」 전문)

까치가 노는 모양새가 우리와 닮았다. SNS에 흔적 남기고, 의미도 모른 채 남들을 쪼아대고, 돈과 권력을 물었다가 놓고, 이리저리 방황하고…. 우리도 평생을 그렇게 놀지 않더냐. 그러나 그러한 일상이 무의미한 것은 아니다.

흐르는 강물 위에 배를 띄우고 노를 젓는 사람을 상상해 보자. 그는 흐르는 강물의 반대 방향을 향해 노를 젓고 있다. 강물의 흐르는 속도와 그의 배가 움직이는 속도가 같다고 가정할 경우, 배의 위치는 변하지 않는다. 강물은 끊임없이 흐르고 사공도 계속 노를 젓지만 배의 위치는 변하지 않는다. 그럼에도 불구하고 그것이 무의미하지 않은 이유는 사공의 몸과 마음이 단련되고 있음에 근거한다. 마치 런닝머신 위를 달리는 사람과 같다. 위치는 달라지지 않았지만 달리는 사람의 근육과 폐활량은 달라진다. 강해진다.

> 가지치기로 몸통만 남은/목련나무는/눈물 한 방울 흘리지 않았다//회사 그만둔/우리 아빠도/눈물 한 방울 흘리지 않았다//더위에 관심이 녹아내려도/추위에 못 본 척 얼어붙어도//스스로 길을 내고/가지를 뻗어/꽃을 피운 목련 나무는//오늘 아침 다시 출근하는/으쓱한/아빠의 어깨처럼 봉긋하다.
> (김선영, 「다시, 봄」 전문)

그렇게 강해져서 '스스로 길을 내고/가지를 뻗어/꽃을 피'울 수 있게 된다. 평범한 일상이 무의미하지 않은 이유가 여기에 있다. 일상의 덤덤함 속에서 내공을 키울 수 있기 때문이다. 위치를 고수한 사공의 힘은 비가 내려 물이 불어나거나 바람이 불어 배가 흔들릴 때 비로소 드러나기 때문이다. 위기를 이겨내기 위해 일상의 답답함을 견딘 것이다.

> 빠른 길 위에/멈춘 시간처럼//느릿느릿//더듬이는 길게/두 눈은 동그랗게//꿈꾸며 간다/천천히
> (김선영, 「달팽이」 전문)

우리는 모두 달팽이다. 삶의 무게로 인해 무릎이 꺾이지만, 지나간 자리가 눈물로 축축이 젖어 있을 정도로 울면서 걸어가고 있지만, 길은 빠른데 우리만 느릿느릿 가고 있지만, '더듬이는 길게', '눈은 동그랗게' 만들고 가야 한다. '꿈꾸며' 가야 한다.

함께 가야 한다는 것을 잊지 않고, 숲을 향해 먼저 떠났던 그들도 잊지 않고, 나를 지켜보는 남은 그들이 나를 잊지 않도록, 내가 걸어가며 만든

눈물 자국을 따라 남은 길을 걸어갈 그들을 생각하며 더욱 열심히, 서로가 서로를 잊지 않아 우리 모두가 장수할 수 있도록….

김선영의 동시집 『토닥토닥 책 병원』은 일상의 위대함을 노래한다. 죽어도 잊히지 않고 살아 숨 쉬는, 그래서 장수하는 너와 나의 마음이 거기에 있다.

마이너스가
마이너스를 만났을 때

조하연 동시집 **「올백 아닌 올빵」**(소야, 2023.1.)
김금래 동시집 **「우주보다 큰 아이」**(국민서관, 2023.2.)

1.

마이너스가 마이너스를 만나면 플러스로 돌변한다. 마법같은 일이지만 마법이 아니다. 과학이고 수학이다. 실패의 경험이 쌓이면 공부가 된다. 중간에 포기하지 않고 견뎌내면 반드시 새로운 변화가 찾아온다. 허황된 꿈같은 이야기가 아니다. 자전과 공전을 거듭하는 지구가 증명하고 있다. 어디 지구뿐인가. 우리의 삶이, 나무가, 바람이 말해주고 있다.

귀 밝고 눈 맑은 두 명의 시인을 통해 자세히 살펴보았다.

2.

허전한 목엔 아빠 목도리/썰렁한 머리엔 누나 모자/앙상한 팔엔 내 장갑//
조금씩 나눴더니/눈이/사람처럼 보인다.

(조하연, 「눈사람」 전문)

'나는 누구인가?'라는 질문은 매우 간단하면서도 복잡하다. 계좌를 하나 만들려고 은행을 방문한 경험이 있다. 창구 직원이 신분증을 요구했다. 지갑을 뒤져보았지만 마침 신분증이라고는 사원증뿐이었다. 신용카드와 휴대폰에 저장된 신분증 사진을 보여주었지만 소용이 없었다. 이름과 사진이 있는 사원증과 명함과 그 이름으로 만들어진 신용카드도 내가 나임을 증명해주지 못했다. 내가 나임을 증명하기 위해서는 주민등록증이나 여권, 운전면허증이 필요하다는 말을 듣고 있으니 허탈한 느낌이 들었다. 나는 분명 여기 현장에 와 있는데, 실물이 있음에도 그 실물이 실물임을 인정해주는 문서가 더 필요하다는 사실을 뼈저리게 느꼈다.

다시 질문으로 돌아오자. '나는 누구인가?'라는 질문에 가장 정확한 대답은 무엇인가. 이름? 그것은 타인이 나를 지칭하는 단어에 불과하다. 나 자체가 아니다. 주민증? 나는 주민증이 아니다. 그럼 나는 도대체 누구인가. 누군가 나의 DNA를 복제하여 외모가 나와 같은 생명체를 만들었다면 그것도 나일까. 그 복제인간과 나의 차이는 무엇인가. 결정적인 것이 하나 드러난다. 바로 기억이다.

외관과 사양이 100% 같은 컴퓨터를 서로 다른 두 사람이 사용하고 있는 경우를 생각해보자. 외관과 사양이 같다고 하더라도 컴퓨터에 저장된 정보들은 서로 다르다. 그것이 두 컴퓨터를 구분해준다. 나도 마찬가지다. 외모와 이름이 아니라 기억이 내가 나임을 인지하게 만들어준다.

기억을 나눠 갖는 것은 그래서 음식을 나눠먹는 것보다 중요하다. 가족과 친구는 기억을 함께 하는 사람들이기에 귀중하다. 기억을 나누는 일은 나의 존재 자체를 나누는 일이기도 하다. 눈을 뭉쳐놓은 눈덩이가 사람으로 보이는 이유가 여기에 있다. 아빠 목도리, 누나 모자, 내 장갑을 지닌 눈덩이는 이제 사람이다. 기억의 나눔, 그 기묘한 세계로 시인은 우리를 초대하고 있다.

밥 한술 뜨다 말고 나간 아빠/찌개 식고 밥이 다 말라가도록/들어오지 않고.//밥 한 숟갈 뜨지 않은 엄마/드라마 끝나가도록/식탁 앞에 앉았고.//형이랑 나랑은 착해져서/숙제 다 해놓고/일찍 잠자리에 들어 자는 척하고

(조하연, 「폭풍전야」 전문)

운동화 앞 축이 벌어졌다/육상 대표로 뽑혀 신났었는데/눈치 없는 운동화//몇 달째 누워있는 아빠/한숨만 쉬는 엄마/눈치 없이 배고픈 나

(조하연, 「틈」 전문)

밥상이 엎어지지 않은 게 다행이다. 아마도 아빠는 화를 벌컥 내거나 혹은 조용히 숟가락을 내려놓고 서늘한 바람을 남기며 나가버렸을 게 분명하다. 그 무거운 침묵 속에서도 형과 나는 우적우적 허기진 배를 채워야 하는 동물처럼 밥을 우겨넣었을 것이다. 소화도 제대로 되지 않았을 것이다. 엄마는 바위처럼 움직이지 않고 TV만 홀로 중얼거리고 있는 저녁시간을 어찌 다른 말로 표현할까. 미치고 펄쩍 뛰어도 시원치 않을 답답한 상황에서도 형과 나는 착한 아들처럼 조용히 숙제하고 발 씻고 잠자리에 든다.

참혹한 기억도 나눠먹는다. 가족은 그런 관계다. 참혹한 기억이 쌓여

가족이 된다. 상처가 깊을수록 연대의 힘도 강해진다. 같은 상처를 가진 사람들은 강한 연대의식을 가질 수밖에 없다. 같은 시대를 살아온 사람들의 시대감각이 그렇고 같은 민족이 지닌 역사인식이 그러하다. 같은 언어를 사용하는 사람들의 연대의식도 마찬가지다.

몇 달째 누워있는 아빠와 한숨만 쉬는 엄마, 이런 암울한 상황에서도 늘 배가 고프고 운동화까지 문제를 일으키는 답답한 상황은 어떻게 해결해야 할까.

옆 동 사는/할머니 할아버지를 위한//아이스크림은/언제나 우리 집 냉동실 문짝에 머문다//할머니 떠난 지 삼 년이 흘러도/냉동실 물건 갈아타는 동안에도//녹지 않고 녹이지 않아/일등석에 앉은 아이스크림 둘//무슨 일 있었냐는 듯/달라질 것 없다는 듯//함께/지낸다

(조하연,「붕어싸만코와 비비빅」전문)

견뎌야 한다. 냉동실에 있는 '붕어싸만코와 비비빅'은 더 이상 옆 동에 사는 할머니 할아버지 몫이 아니다. 이제 그것은 나의 기억이다. '붕어싸만코와 비비빅'은 할머니와 할아버지로 변했다가 이제는 추억이 되었고 결국은 나 자신이 될 것이 분명하다.

피부가 찢어진 곳에서 흘러나온 피는 공기와 만나 화학작용을 일으키고 딱쟁이가 되어 고정되었다가 새살이 돋아 아문다. 나와 외부 세상이 협업해 상처를 아물게 한다. 내가 할 수 있는 일은 무엇인가. 간질거린다고 딱쟁이를 뜯어내는 헛짓만 하지 않으면 된다. 나의 의지가 아니라 나의 몸이 그리고 세상이 해결한다. 나는 간지러움을, 조금의 불편함을 견뎌내면 된다.

쓰기 싫은 일기/배배 꼬며 쓰다 보니/한 쪽은 삐쭉 올라가고/다른 한 쪽은 쭈르륵 내려와/일기장에 미끄럼틀이 생겨버렸어//까지껏, 얘들아!/미끄럼틀 타고/뒤죽박죽 놀아 주라/가지런한 일기는 잊고/너라도, 너라도 날아라/나 대신 나 되어, 훨훨 날아라

(조하연, 「미끄르르 오늘」 전문)

가지런한 일기는 잊고 뒤죽박죽 놀면 된다. 훨훨 날면 된다. 아무렇게나 자포자기하라는 뜻이 아니다. '왜 나만 이래!', '왜 우리만 이래!'라고 불만을 터트릴 시간에 신나게 인생을 살아가라는 뜻이다. 그렇게 지구가 자전하듯이 지구가 공전하듯이 심장이 뛰는 것처럼 살아가면 숟가락 놓고 나갔던 아빠가 돌아오고 바위처럼 굳었던 엄마가 잔소리를 시작하고 누웠던 아빠가 일어나고 한숨 쉬던 엄마가 웃고 형과 나는 성장해 지난날을 기억하며 농담을 치고 그럴 것이 분명하다. 중요한 것은 멍청하게 그 자리에 주저앉아 있지 말고 움직이라는 뜻이다. 마이너스가 혼자 있으면 언제나 마이너스지만 뭉치면 플러스가 되는 것을 잊지 말라는 뜻이다.

조하연의 동시집 『올백 아닌 올빵』은 상처받은 이들에게 보내주는 박수다. 상처가 훈장처럼 빛나는 순간이 올 때까지 그까짓 상처쯤은 딱쟁이에게 맡기고 신나게 살아가라는, '괜찮아, 다 괜찮아'라는 도닥임이다.

3.

비 오면/풀들은//빗방울/이야기를 들어 준다//끄덕/끄덕//끄덕/끄덕//해날/때까지//울며/들어 준다.

(김금래, 「해날 때까지」 전문)

비는 하늘에서 내려왔고 풀은 땅에서 올라왔다. 누가 더 고귀한 출신인가. 하늘에서 내려온 빗방울을 땅에 있는 풀이 위로해준다. 이야기를 들어준다. 울면서 들어준다. 넉넉한 자가 부족한 자를 위로하는 것인가, 아니면 서로 같기에 위로해주는가. 이도저도 아니면 왜?

잔잔한/호수를 만나면//산은/드러눕고//구름은/스르르 안기고//낙엽은/코 잠이 든다//둥지에 깃든/아기 새처럼.

(김금래,「호수 둥지」전문)

이제는 위치가 바뀌었다. 물방울들이 모여 만들어진 호수를 찾아와 산은 드러눕고 구름은 안기고 낙엽은 잠든다. 지친 것들이 모여 안식을 얻는다. 풀이 위로해준 빗방울이 이젠 산과 구름과 낙엽을 도닥여준다.

이들은 모두 가족이다. 밥 한술 뜨다 말고 나간 아빠이고 입을 닫아버린 엄마다. 우적우적 밥 먹고 조용히 숙제하고 발 씻고 잠자리에 든 형과 아우이며 누워 있는 아빠고 한숨 쉬는 엄마고 배고픈 나다. 찢어진 운동화다. 그들은 흩어지지 않았다. 잠시 떨어졌다가 다시 돌아왔고 잠시 추락했다가 다시 올라갔고 잠시 울다가 다시 웃었다.

나무야 네가 산이니?/아니//새야 네가 산이니?/아니//계곡물아 네가 산이니?/아니//바위야 네가 산이니?/아니//다 모여 산이야/우린 하나니까!

(김금래,「다 모여 산」전문)

결국 시인이 말하려 하는 것들이 산에 모였다. 아빠에게 '네가 사람이냐?'라고 물으니 '아니오'라고 답했다. 엄마에게 '네가 사람이냐?'라고 묻자 또 '아니오'라고 답했다. 형에게도 물었고 아우에게도 물었고 할머니에게 물었고 할아버지에게 물었지만 대답은 모두 같았다. '아니오' 그럼 무엇이냐? "다 모여 사람입니다."

> 밤길을 날아가요//이마에 불을 켜면/앞이 환할 텐데//옆구리에 불을 켜면/옆이 환할 텐데//꽁무니에 불을 켜고/반짝반짝 날아가요//지나온 길 환하라고.
>
> (김금래, 「반딧불이」 전문)

우리는 미래를 점쳐 아는 지혜를 지니지 못했다. 그렇기에 늘 밤길을 걷는 것과 다르지 않다. 반딧불이도 마찬가지다. 그런데 그들은 꽁무니에 불을 켰다. 자꾸 앞만 보려고 눈을 비비는 우리와 다르다. 왜 지나온 길을 환하게 비추나. 앞길이 아니라 나를 찾는 것이다. 기억을 더듬는 것이다. 기억이 바로 나임을 깨달은 사람은, 과거의 기억이 온전한 나임을 아는 사람은 무턱대고 앞으로 내지르려 하지 않는다. 내가 나를 모르는데 어디로 간단 말인가. 내가 누구인지 먼저 알아야 어디로든 갈 곳을 정할 수 있는 것 아니겠는가. 무작정 나서서 비틀거리며 간다면 왔던 길 맴돌며 제자리를 서성이거나 가시덤불과 진창이 가득한 곳을 헤매지 않겠는가.

> 무릎에 앉은 딱지/간질/간질//손가락으로 꾹 눌렀더니/-참아라!//또 눌렀더니/기다려라!//-누구세요?/-난 시간 의사다//간질/간질//며칠 후/딱지가 몸을 뒤틀며/똑! 떨어졌다.
>
> (김금래, 「시간 의사」 전문)

김금래의 동시집 『우주보다 큰 아이』는 노래솜씨가 훌륭한 지혜로운 가수의 노래책이다. 운율과 내용을 모두 꾹꾹 눌러서 담은 고봉시집이다.

세상의 모든 마이너스들을 불러 모아 무한대의 우주로 확대해버리는 마술 책이다. 지혜가 고픈 독자는 내용에 집중하고 노래가 고픈 독자는 운율에 집중하라. 그러나 쉽지 않을 것이 분명하다. 지혜를 찾던 자는 춤추게 될 것이고 운율을 찾던 자는 인생에 대해 깊게 고민하게 될 것이다. 기뻐하던 사람은 울게 될 것이고 슬픈 사람은 활짝 웃게 될 것이다.

안 되는 줄
뻔히 알면서도 계속

김완기 동시집 **『들꽃 백화점』**(아침마중, 2022.5.)

1.

세상 전체를 바르게 만드는 일은 가능한 것일까. 《논어(論語)》를 보면 이에 대한 희미한 실마리가 나온다.

어느 날, 공자의 제자인 자로가 '석문(石門)'이라는 곳에 도착하여 하룻밤을 지내게 되었을 때의 일이다. 석문을 지키는 문지기가 자로에게 '당신은 누구인가?'라고 물었다. 이에 자로가 '나는 공자의 제자인 자로라고 한다.'고 대답하자 문지기가 고개를 끄덕이며 이렇게 말한다. "아, 공자? 안 되는 줄 뻔히 알면서도 계속 하려고 달려든다는 그 사람 말이오?"

세상 전체를 바르게 만드는 일이 가능한 것인지에 대해 이처럼 확실한 대답이 또 있을까 싶다.

유가(儒家)의 공부에서 완성이란 존재하지 않는다. 유가의 학문은 과정을 중요하게 여긴다. 우주에 끝이 없는 것처럼 학문에도 끝이 없다고 생각하기 때문이다. 매일 새롭게 혁신하는 과정 자체가 학문이며 올바른 삶이라 여기기 때문이다.

올바른 세상도 마찬가지다. 끝없이 새로 만들어 가야 한다. 올바른 세상이 완성되어 고정불변하게 고착된다면 그것은 이미 세상이 아니다. 세상에 존재하지 않는, 생각 속에서만 존재하는 이상향일 뿐이다. 현실 세계에서 완벽하게 올바른 세상은 구현되지 않는다. 다만 그것을 향해 성실하게 나아갈 뿐이다.

계속 새롭게 자신을 가다듬는 과정 속에 이루어지는 것이 공부인데 어찌 완성되는 단계가 있단 말인가. 세상도 마찬가지다.

그렇기에 석문의 문지기는 공자를 비웃는다. 안 되는 줄 뻔히 알면서도 계속 세상을 변화시키려고 달려든다고 조롱한다.

'동시'가 추구하는 세계도 마찬가지다. 아이들의 순수한 마음으로 세상을 바라보고 노래한다고 하더라도 세상은 쉽게 바뀌지 않는다. 치열한 경쟁과 차가운 심판이 승자와 패자를 가를 뿐이다. 끝없는 전쟁으로 얼룩진 춘추전국시대의 피 흘리는 경쟁은 오늘 이 순간에도 여전히 이루어지고 있다. 그렇다고 싸워서 이기라고 독려하는 노래만 부를 수는 없지 않은가.

공자가 안 되는 줄 알면서도 보다 나은 세상을 만들기 위해 노력했던 것처럼, 동시도 그러하다. 김완기의 동시집 『들꽃 백화점』도 그러하다.

2.

배고프면/밥그릇/맛있다 맛있다/혓바닥 닳도록 핥아먹고//심심하면/놀잇감/재밌다 재밌다/악기놀이 땡그랑 마당 한 바퀴//강아지 밥바라기/하루 종일/행복한 짝꿍이다.

(김완기, 「강아지 밥바라기」 전문)

'강아지 밥바라기'는 '강아지 밥그릇'을 말한다. 밥을 먹는다는 것은 생존을 위한 필수 요건이다. 그렇기에 치열할 수밖에 없다. 그런데 이 작품에 등장하는 '먹는다'의 개념은 치열하지 않다. 즐거운 놀이가 된다. 먹고 사는 문제에 매몰되지 않는다. 흔히 '밥그릇 싸움'이라고 우리가 말하는 투쟁의 모습이 없다. 오히려 밥그릇이 음악을 만들어내는 악기가 되기도 한다.

물론 혹자는 '현실을 외면한다'라고 비판할 수도 있겠지만 그것은 마치 공자를 향해 "안 되는 줄 뻔히 알면서도 계속 하려고 달려든다"고 말한 문지기의 인식과 궤를 같이 한다고 할 수 있다. 아름다운 조화와 즐거움을 노래하는 것은 현실을 외면하는 게 아니라 각박한 현실을 새롭게 개혁하고 싶은 의지의 발현이기 때문이다.

엄마가 빨래를 넌다/나의 잠꼬대 이불을 넌다.//동생 잠투정을 넌다/누나 시샘 버릇 무늬옷을 넌다.//툭 툭 털어내는 물기/아빠 땀 냄새/고단한 잠 베갯잇도 넌다.//빨랫줄에 올망졸망/우리 남매 양말 널 땐/자글자글 햇볕 한 줌 더 얹는다.//빨래 너는 엄마 손.

(김완기, 「빨래 너는 엄마 손」 전문)

빨래를 해서 깨끗하게 만들었다고 하더라도 그게 완성은 아니다. '나의 잠꼬대 이불'은 다시 나와 함께 잠자며 잠꼬대를 가득 채우게 될 것이다. 그렇게 시간이 흐르면 엄마는 다시 빨래를 해야 한다. 계속 이어지는 과정이다. 한번 빨래를 했다고 해서 끝이 아니다. 나중에 다시 빨래를 해야 한다. 무한 반복되는 일상이다. '동생 잠투정'과 '누나 시샘 버릇', '아빠 땀냄새'도 마찬가지다. 아무리 열심히 빨아 널었더라도 다시 빨아야 하는 시기가 돌아온다. 그렇다고 하더라도 엄마가 빨래를 멈출 수는 없다. 공자가 안 되는 줄 알면서도 보다 나은 세상을 만들기 위해 노력했던 것처럼 엄마도 빨래를 멈추지 않는다.

3.

신호등 없는 길/건널목 없는 길/맘대로 오갈 수 있어 좋겠다.//비가 와도 우산 없이/눈이 와도 장갑 없이/하늘 달리는 날갯짓//약국 하나 안 보인다/병원 하나 안 보인다/부딪히는 교통사고 없이/환자 하나 안 보여 좋겠다.//새들의 하늘길/나도 한번 달려가고 싶다.

(김완기, 「건널목 없는 길」 전문)

시인이 말하는 그런 길은 우리가 살고 있는 이곳에는 없다. 하늘에 있다. 그래도 포기하지 않는다. 땅에서는 이루어지지 않는다고 외면한다면 더 나은 세상으로 향하려는 선한 의지를 버리는 것과 같다고 시인은 말한다.

《중용(中庸)》의 첫머리를 떠올려보자. '천명지위성(天命之謂性) 솔성지위도(率性之謂道) 수도지위교(修道之謂教)', 하늘이 사람에게 준 명령을 따르는 게 우리의 본래 모습이며, 그 본래의 모습을 잃지 않고 나아가는 게 올바른 길이고, 올바른 길에서 벗어나지 않도록 자신을 수양하는 게 교육이다.

그렇다면 하늘길을 따르려고 노력하는 게 우리의 사명이 된다. 불가능하다고 포기하는 것은 천명(天命)을 거스르는 게 된다.

《도덕경(道德經)》에 나오는 '대기만성(大器晩成)'은 또 어떠한가. 국어사전을 살펴보면 '큰 그릇을 만드는 데는 시간이 오래 걸린다는 뜻으로, 크게 될 사람은 늦게 이루어짐을 이르는 말.'이라는 풀이를 만날 수 있다. 그러나 《도덕경(道德經)》에 나오는 이 문장의 앞뒤 맥락을 살피면 국어사전과는 다른 의미로 사용되었다는 것을 파악할 수 있다. 전체 단락을 살펴보자.

"무한대로 확장되는 큰 네모에는 모서리가 없고(大方無隅) 무한대로 확장하는 큰 그릇은 채워지지 않으며(大器晩成) 엄청나게 큰 소리는 귀에 들리지 않고(大音希聲) 엄청나게 큰 것은 눈에 보이지 않는다(大象無形). 올바른 이치는 이처럼 은밀하여 무엇이라 이름을 붙일 수가 없다(道隱無名)."

무한대로 확장하고 있는 것은 이를 규정할 수 없다는 의미로 다가온다. 담겨진 뜻은 무엇인가. 포기하지 말고 계속 나아가라는 것이다. 우리의 삶은 완성이 없다. 살아 있는 매 순간 변화하고 있다. 규정되지 않으므로, 완성되지 않으므로 삶을 멈춰야 하는가. 그건 아니다. 멈추는 순간 죽는다. 죽으면 규정되고 죽어야 완성된다. 그렇기에 삶을 이어가는 원동력은 규정되지 않음에 있다. 완성되지 않았기에 삶이 있다. 삶은 완성되지 않으므로 아름답고 규정되지 않기에 명확하다.

끝이 없다. 모서리도 없고 완성되지도 않으며 구체적으로 눈에 보이거나 귀로 들을 수도 없다. 모호하지만 이것이 사실이다. 우리가 살아가는 삶에 전형이 있을 수 없기 때문이다.

"학문이 어느 정도 경지에 오른 사람은 부지런히 실천에 옮기고(勤而行之), 어중간한 사람은 반신반의하며 때론 실천하기도 하다가 때론 헛짓을 한다(若存若亡). 아무 것도 모르는 사람은 낄낄거리며 비웃는다(大笑之). 올바름에 대해서 듣고도 그들이 웃지 않으면 그것은 무엇인가 부족한 것이라 할 수 있다(不笑 不足以爲道)."

《도덕경(道德經)》에 나오는 말이다. 안 되는 줄 뻔히 알면서도 계속 하려고 달려든다고 누군가 비웃거든 기뻐하라. 옳은 길을 가고 있는 것이니까.

김완기의 동시집 『들꽃 백화점』은 '대기만성(大器晚成)'이다. 이루어지지 않을 것을 뻔히 알면서도 사랑과 조화와 성실함을 노래한다. 천명(天命)을 노래한다. 그러한 노래가 있기에 우리가 사는 이 세상이 존재한다. 우리의 삶이 이어진다.

땅과 바다에서
진정한 나를 찾다

박봄심 동시조집 **『그래도 봄』**(아동문예, 2022.9.)
김마리아 동시집 **『갯벌 운동장』**(상상, 2022.6.)

1.

"화살이 빗나가면 화살을 쏜 자신을 탓하라(失諸正鵠 反求諸其身)."

《중용(中庸)》에 나오는 말이다. 세상을 탓하지 않는다. 나 자신을 탓한다. 모든 실패의 원인은 나에게 있다. 세상에 나를 맞춰야 한다. 세상을 나에 맞도록 재단할 수 없기 때문이다. 그렇게 하면 혹시나 나 자신은 사라지고 나의 주체성도 소멸한다고 절망할 필요는 없다. 세상은 우주가 탄생할 때 만들어진 물질로 구성되어 있고 나 자신도 마찬가지다. 그러므로 우주와 자연과 세상은 나와 다른 그 무엇이 아니라 하나의 뿌리에서 뻗은 줄기에 지나지 않는다. 그러므로 내가 나를 잊고 우주와 자연과 세상과 연결되는 것은 나의 소멸이 아니라 나의 확장임을 알아야 한다.

우리가 흔히 '미래를 예견할 수 있는 책'이라고 생각하는 《주역(周易)》도 실상을 살펴보면 세상과 나를 조화롭게 하는 지혜를 주는 책일 뿐이다. 미래를 미리 알려주는 게 아니라는 뜻이다. 세상의 변화를 이해하여 나를 그에 맞게 조절하라는 조언을 주고 있기 때문이다. 나를 변화시키라고 조언할 뿐 세상을 바꾸라고 조언하지 않는다.

그렇기에 우리는 세상의 변화에, 타인의 변화에 민감해야 한다. 내 마음만 따르는 게 아니라 자연의 변화에도 민감하게 조응하고 타인의 감정 변화도 세심하게 챙겨 배려해야 하는 이유가 여기에 있다. 미래를 미리 아는 것은 불가능하다. 그러나 지금 현재를 정확하게 아는 것은 가능하다. 잠들지 않고 깨어 있으면서 민감하고 예리하게 감지하면 되기 때문이다. 그것을 기준으로 나의 고집과 집착을 버리고 나를 변화시킨다. 현재의 상태에서 가장 적절하게 나를 가다듬는다. 그러면 현재가 편안해진다. 변화에 순응했기에 미래가 두렵지 않다.

시인(詩人)은 민감한 사람이다. 주변의 작은 변화에도 민감하게 반응한다. 그리고 그 변화에 조응한다. 땅에서 혹은 바다에서 주변과 자신을 민감하게 파악하고 그들을 조화롭게 연결시키는 시인들을 만나보았다.

2.

꼬투리에/긴 줄 하나/땅콩의 탯줄이다.//엄마와 나/연결해 준/탯줄이랑 똑같다.//긴 줄로/흙속 양분 먹고/속이 꽉 찬 땅콩들.

(박봄심,「탯줄」전문)

《논어(論語)》에는 '공자가 끊어버린 네 가지'가 나온다. 흔히 이것을 '자절사(子絕四)'라고 부른다. 무의(毋意) 무필(毋必) 무고(毋固) 무아(毋我)가 그것이다. 개인적인 의도가 없고, 반드시 이루어내려고 무리하지도 않으며, 고집하지도 않고, 자신만을 내세우지도 않았다는 뜻이다. 그래서 '때에 따라 상황에 적절히 하라.'고 시중(時中)을 강조한다.

땅콩을 보면 알 수 있다. 흙에 뿌리를 내리고 흙으로부터 양분을 받아 땅콩을 만들어냈다. 그런데 어찌 땅콩이 독립적인 주체라 주장할 수 있겠는가. 흙속 양분도 지분을 가지고 있다. 어디 그것뿐이겠는가. 하늘에서 내린 빗물과 햇볕은 어떠한가. 공자가 무의(毋意) 무필(毋必) 무고(毋固) 무아(毋我)를 내세운 이유도 여기에 있다. 온전히 독립적인 나는 존재하지 않는다. 세상의 모든 물질이 레고 조각처럼 연결되어 나를 만들었고 땅콩을 만들었기 때문이다.

땅콩이 땅콩인 이유는 자신을 강조하지 않았기 때문이다. 흙에 조화롭게 대처했고 자연의 변화에 순응했기에 '속이 꽉 찬 땅콩'을 만들 수 있었다. 고집했다면 이룰 수 없었다. 독립했다면 이룰 수 없었다. 연대했고 주고받았기에 이룰 수 있었다.

연둣빛/그 봄날이/그대로 멈추었다.//만남도/이야기도/코로나에 갇힌 나날//그래도/봄은 오더라/꽃은 피고 지더라.

(박봄심, 「그래도 봄」 전문)

흩어진/그림 조각/차례차례 맞춰진다.//꽃들도/활짝 피고/새들도 노래하고,//하이얀/도화지 가득/푸른 꿈이 익는다.

(박봄심, 「퍼즐 맞추기」 전문)

코로나 바이러스가 기승을 부린다고 안달할 필요는 없다. 그런 상황 속에서도 우주는 운행을 멈추지 않는다. 크게 보면 모든 게 정상이다. 중요한 것은 인내하는 것이다. 참고 기다리면 된다.

"중국 송(宋)나라에 어리석은 농부가 모내기를 한 후 벼가 어느 정도 자랐는지 궁금해서 논에 가보았다. 자신의 벼가 다른 사람의 벼 보다 덜 자란 것 같았다. 그 농부는 궁리 끝에 벼를 잡고 살짝 뽑아 올렸다. 그러니 약간 더 자란 것 같이 보였다. 그는 하루 종일 모를 조금씩 뽑아 올렸다. 지친 몸을 이끌고 집에 돌아와 가족에게 말했다. '오늘 일을 많이 해 병이 나겠구나. 내가 모가 잘 자라도록 도와줬다.' 아들이 그 말을 듣고 논에 나가보니 벼가 모두 말라죽어 있었다. 세상에는 이런 사람들이 매우 많다."

《맹자(孟子)》에 나오는 이야기다. 나의 주관적 판단으로, 나의 욕망으로 세상을 바꾸려 하면 결국 실패하고 만다. 나를 내세우지 않고 적절하게 어울려야 한다. 나는 도화지 전체를 아우르는 존재가 아니라 퍼즐의 그림 한 조각이다. 옆 조각과 어울려 조화롭게 연대해야 아름다운 세상을 만들 수 있다.

박봄심의 동시조집 『그래도 봄』은 우주 전체가 나와 같은 물질을 나눠가진 가족이라는 것을 알려주는 노래집이다. 고집과 독선을 버리고 손잡고 어울려 노래하고 춤추라고 조언해주는 잠언집이다.

3.

배를 타고/바다 한가운데 있으면//앞에도 바다/옆에도 바다/뒤에도 바다/온통,/온통 바닷물이 넘실댄다/출렁이는 바다,/푸른 바다뿐이다//바다 한가운데 있을 때는,/나도 바다/푸른 바다

(김마리아, 「나도 푸른 바다」 전문)

바다 한가운데서 나도 바다가 되는 것은 매우 자연스러운 일이다. 바다는 단순히 물을 의미하지 않는다. 그 안에서 살아가는 수많은 생물들과 미생물, 더 나아가 무기물까지 포함하고 있기 때문이다. 우리가 산(山)이라고 했을 때 바위와 흙만 의미하는 게 아닌 것과 마찬가지다. 우주라고 했을 때 단순히 공간만을 의미하는 게 아닌 것과 마찬가지다.

"호연지기(浩然之氣)는 의로운 마음으로 바른 길을 걸어야만 크게 자라난다. 만약 그렇게 하지 않으면 다시 작고 초라하게 변하기 때문에 항상 조심해야 한다. 의로운 마음은 무엇인가를 밖에서 가져와 한 번에 완성되는 게 아니다. 내 마음에 가득 차올라 밖으로 흘러넘치도록 해야 한다."

맹자(孟子)의 말이다. 가득 차올라 흘러넘치게 하는 것, 그것은 나를 바다로 만드는 것과 다르지 않다.

"호연지기(浩然之氣)를 기르기 위해서는 용감해야 한다. 예전의 나쁜 습관에 얽매여 주저하고 이것저것 변명을 늘어놓으며 멈칫거리면 키워낼 수 없다. 바른 이치가 몸과 마음에 익숙해져 있다면, 그 기운이 충만하다면 주저할 필요가 없다. 용기 있게 나아가면 그만이다. 주저하고 멈칫거리는 이유는 아직 바른 이치가 몸과 마음에 익숙해져 있지 않다는 뜻이다. 몸과 마음에 익숙해져 하늘과 땅 사이에 그 기운이 가득한 상태, 호연지기(浩然之氣)란 바로 그런 상태를 뜻하는 것이다. 호연지기(浩然之氣)가 이루어지면 옳은 일이 바로 내가 좋아하는 일이 된다. 옳은 것이 바로 내가 즐기는 것이 된다. 그러니 그만둘 수도 없고 하지 않을 수도 없다. 내가 간절히 원하는 게 바로 옳은 것이니 그 일을 실천할 때의 모습은 어떠하겠는가. 주저함이 없고 당당하고 용감하다. 하고 싶은 일을 마음껏 해도 지나치지 않고 적절하게 된다. 원하는 것을 마음대로 해도 치우치지 않고 적절하다. 바른 이치와 내가 따로 있지 않고 하나가 되었기 때문이다. 그러니 얼마나 자유롭고 즐겁겠는가."

주자(朱子)의 말이다. 바다가 된 나는 자유롭고 즐겁다.

모래밭에서/뒷걸음으로 걸었다//푹푹/삐뚤삐뚤/삐뚤삐뚤//내 발자국/내가 볼 수 있었다//푹푹/삐뚤삐뚤/삐뚤삐뚤

(김마리아, 「내 발자국」 전문)

징검다리입니다/철새가/앉았다 가고/앉았다 가는

(김마리아, 「섬」 전문)

나를 돌아보고 가다듬는 일은 매우 중요하다. 그렇기에 때론 뒷걸음이 필요하다. 나의 흔적을 객관적으로 바라볼 수 있는 계기가 된다. 그런 깨달음을 통해 나를 주장하는 것이 아니라 타자와의 연대가 중요하다는 것을 체득할 수 있기 때문이다.

깊게 살피면 보이지 않는 것들이 보인다. 섬도 마찬가지다. 외롭게 홀로 있는 것처럼 보이지만 깊게 살펴보면 이어져 있음을 알게 된다. 바다 밑으로 내려가면 섬들은 연결되어 있다. 바다 밑으로 이어진 땅이 솟아오른 것에 불과하다. 그들은 모두 한몸이다. 육지와도 연결되어 있다. 결국 섬과 육지는 떨어져 있는 게 아니라 연결되어 있다. 섬이 자신의 주체적인 존재를 주장할 근거는 그렇게 사라진다. 이러한 깨달음은 공자의 무의(毋意) 무필(毋必) 무고(毋固) 무아(毋我)와 이어진다. 철새가 쉬었다가 가는 징검다리가 되어도 좋은 이유가 여기에 있다.

김마리아의 동시집 『갯벌 운동장』은 나를 잊어 나를 더욱 크게 키워주는 호연지기(浩然之氣)로 가득하다. 바다 전체가 나와 연결되고 더 나아가 우주와 이어져 있음을 잊지 말라는 자경문(自警文)이다.

4부

너와 나,
억만 년 후

그 사이에 동시가 있다

너와 나, 억만 년 후

계속 성장하면
내가 사라진다

문삼석 동시집 『나는 솔잎』(아침마중, 2022.9.)
박승우 동시집 『힘내라 달팽이!』(상상, 2022.8.)

1.

'대기만성(大器晚成)'은 우리가 흔히 사용하는 사자성어 중에 하나다. "큰 그릇은 늦게 이루어진다."라고 해석하는 사람들이 많지만 앞뒤 맥락을 살펴보면 고개를 갸웃거리게 만든다.

'대기만성(大器晚成)'은 《도덕경(道德經)》에 나오는 말이다. 그러나 달랑 이 네 글자만 있는 것은 아니다. 《도덕경(道德經)》에 등장하는 전체 문장은 다음과 같다.

"무한대로 확장되는 큰 네모에는 모서리가 없고(大方無隅) 무한대로 확장하는 큰 그릇은 채워지지 않으며(大器晚成) 엄청나게 큰 소리는 귀에 들리지 않고(大音希聲) 엄청나게 큰 것은 눈에 보이지 않는다(大象無形). 올바른 이치는 이처럼 은밀하여 무엇이라 이름을 붙일 수가 없다(道隱無名)."

전체적 맥락을 살펴 번역하면 "큰 그릇은 늦게 이루어진다."가 아니라 오히려 "큰 그릇은 채워지지 않는다." 혹은 "큰 그릇은 완성되지 않는다."가 어울려 보인다. 본문에서는 無(없을 무)-晚(늦을 만)-希(바랄 희)-無(없을 무)로 이어지고 있지만 이 각각의 글자는 하나같이 모두 부정적인 의미를 지닌다. 전체를 관통하는 의미는 無(없을 무)로 귀결된다.

결국 원문이 지닌 의미는 '성장하는 모든 것은 하나의 정형화된 틀에 가둘 수 없다'라고 할 수 있다. 성장하는 우리도 마찬가지다. 죽지 않고 살아 있는 한 그 어떤 정형화된 틀도 우리를 가둘 수 없다.

시인에게 완성의 단계는 없다. 계속 변화해야 한다. 완성되는 순간 죽는다. 지구가 멈추지 않고 계속 움직이는 것처럼, 우주가 정체되지 않고 계속 확장되는 것처럼, 시인도 그러하다.

스스로를 규정하지 않고 계속 변화를 추구하는, 그래서 몰아(沒我)한 시인들을 만나보았다.

2.

낮은/땅위에서//몸 낮추고/살다가//하얀/꿈 되어//하늘 높이/나는 꽃.
(문삼석,「민들레꽃」전문)

하늘 높이 나는 것은 꽃이 아니라 씨앗일 것이다. 그러나 어느 것이 꽃이고 어느 것이 씨앗임을 구분할 필요가 있는가. 그것은 본래 하나가 아니었는가. 어미와 아비의 작은 씨앗 두 개가 만나 나의 씨앗이 만들어졌고 그 씨앗이 미친 듯이 분열해 눈과 코, 입과 귀, 팔과 다리와 머리와 몸통을 만들었으니 씨앗이 바로 나 자신이 아닌가. 어미 몸을 벗어나 먹고 입고 자라고 다치고 아프고 병들고 죽어 백골이 되었어도 그게 바로 나 자신이 아닌가. 구별할 필요가 어디에 있는가. 씨앗이 꽃이고 꽃이 씨앗이거늘, 내가 너이고 네가 나인 것을. 어미와 아비가 나인 것과 마찬가지로 그 자손도 나인 것을. 규정하지 않아도 소유하지 않아도 그것이 나임을 시인은 알고 있다.

'보'만 보면 서슬이 퍼레지는 '가위'도/'바위'만 보면 절레절레 고개를 흔들고,//'가위'에겐 떵떵 큰소리치던 '바위'도/'보'만 보면 고개를 푸욱 숙이고 말지.//다 이길 수도 없고,/다 지지도 않는,//참 재미있는 세상,/가위, 바위, 보 세상!

(문삼석, 「재미있는 세상」 전문)

얼핏 보면/다 같은/나무//다시 보면/다 다른/나무.

(문삼석, 「같은 나무, 다른 나무」 전문)

아른아른 앞산이 하얗게 사라지고,/아른아른 솔숲도 하얗게 사라지고,//굴뚝도, 지붕도, 마당도/아른아른 하얗게 사라지는,//겨울은 아른아른/사라지는 그림,//하얗게 아른아른/사라지는 그림.

(문삼석, 「겨울 그림」 전문)

"하늘이 내려준 바른 이치는 원형리정(元亨利貞)으로 구성되어 있습니다. 이것이 사람의 마음으로 들어오면 인의예지(仁義禮智)가 됩니다. '원(元)'은 사계절 중 봄에 해당합니다. 따스하고 온화하여 새싹이 돋아납니다. 사람에게는 어질고 착한 마음, '인(仁)'에 해당됩니다. 따스한 마음으로 사람들을 감싸주기 때문입니다. '형(亨)'은 사계절 중 여름에 해당합니다. 모든 것이 무성하게 자라납니다. 사람에게는 '예(禮)'에 해당합니다. 바른 예절로 어질고 착한 마음을 더욱 크게 키워나가는 것입니다. '이(利)'는 사계절 중 가을에 해당됩니다. 풍성한 결실을 맺습니다. 사람에게는 '의(義)'에 해당합니다. 어질고 착한 마음을 더욱 크게 키워냈기에 올바름을 이루어내는 것입니다. 정(貞)은 사계절 중 겨울에 해당합니다. 모든 것을 이루어내고 조용히 스스로를 돌아보며 조용히 반성하는 시간입니다. 사람에게는 '지(智)'에 해당합니다. 바른 마음을 지니고 그것을 바르게 실천하는 과정 속에서 지혜가 쌓이는 것입니다."

《성학집요(聖學輯要)》에 나오는 율곡의 말이다. 원형리정(元亨利貞), 인의예지(仁義禮智) 등 어려운 말들이 나오지만 결론은 간단하다. 사계절이 돌고 돌며 나와 세상이 함께 성장하고 있음을 말하고 있기 때문이다. 시인이 말하는 가위 바위 보와 다르지 않다.

아무도 지지 않고 아무도 이기지 않는 세상이 어디 있을까 싶지만 시인은 '다 이길 수도 없고, 다 지지도 않는'게 세상이라고 말한다. 시인의 말을 곱씹어보면 그게 바로 아무도 지지 않고 아무도 이기지 않는 세상이다.

그렇기에 세상은 얼핏 보면 그게 그것인 듯 하기도 하고 천차만별이기도 하다. 그게 어디 나무뿐이랴. 손가락을 몇 개만 움직여도 보에서 가위가 되고 바위도 되지 않는가. 추운가 싶으면 더워지고 아침인가 싶으면 밤이 되지 않더냐. 어느 하나에 고착되지 않지만 그래서 불안정하게 보이지만 그게 삶이다. 그런 가운데서 성장한다. 그러다가 성장이 끝에 다다르면 어찌 되는가. 아른아른 하얗게 사라진다. 몰아(沒我)의 지경이다. 정녕 그렇게, 하얗게 끝나고 마는 것일까. 아니다. 눈 녹으면 살아나는 앞산과 솔숲을 보라. 손가락을 활짝 펼친 보를 보라. 하늘 높이 나는 꽃을 보라.

문삼석의 동시집 『나는 솔잎』은 몰아(沒我)하여 현신(現身)하는 기문둔갑(奇門遁甲)의 마술책이다. 나를 최대한 확장하여 나를 사라지게 만드는 대기만성(大器晚成)의, 끝이 없는 삶의 궤적을 보여주는 지도책이다.

3.

추운 겨울/시장에서/채소 파는 할머니에겐//"시금치 한 단요"/"부추 한 단요"//이 말이 모닥불이다//할머니 얼굴이/활짝 피어난다//할머니가 덤으로/한 줌 더 넣어 준다//덤도 모닥불이다//손님들 얼굴도/활짝 피어난다

(박승우, 「모닥불」 전문)

어미 닭이 날개 밑에/열두 마리의 병아리를 품어 준다//날개 밑에/옹기종기 함께 자는/참 따뜻한 방이 생겼다

(박승우, 「따뜻한 방」 전문)

집에서 밀려난/낡은 소파가/담장 옆에서 햇볕을 쬐어요//따뜻해진 소파에/할머니 두 분이 앉아요//궁둥이가 따뜻해진 할머니가/아지랑, 아지랑/이야기꽃을 피워요//꽃샘추위가/소파에 함께 앉지 못해요

(박승우, 「꽃샘추위가 비켜 가는 자리」 전문)

항온동물에게 따스함은 생존의 기본조건이다. 너무 추워도 너무 뜨거워도 살아갈 수 없다. 가장 적절한 온도, 그것이 따스함이다. 그러므로 항온동물에게 따스함은 배려나 예절이 아니라 삶 그 자체라고 할 수 있다.

한 개체의 항온동물은 하나의 보일러와 마찬가지다. 보일러가 물을 따스하게 덥혀 집의 온도를 유지하는 것과 같다. 같은 이치로 한 개체의 항온동물은 하나의 태양이다. 자신의 온기로 타자를 더 넓게는 세상을 따스하게 만든다.

"그의 마음은 순수한 금처럼 맑게 빛났고 좋은 옥처럼 따스하면서도 반짝거렸다. 남에게는 관대하면서도 스스로는 절도 있게 행동했고 남들과 조화롭게 화합했지만 휩쓸리지는 않았다. 진실하고 정성스러운 자세는 쇠와 돌을 뚫을 정도로 굳건했지만 부모에게 효도하고 사람들을 공손하게 대하는 태도는 봄바람처럼 따스하고 부드러웠다. 그가 이야기를 시작하면 마치 봄비가 내리는 듯 듣는 사람들을 촉촉하게 적셔 감동을 주었다. 늘 마음을 비워 무엇을 대하더라도 선입견 없이 순수하게 대했다. 학문의 깊이는 바다처럼 끝이 없었다. 선생은 마음을 늘 바르고 겸손하게 유지했고 이런 마음을 밖으로 표현할 때에도 부드럽고 너그럽게 했다. 바르고 착한 일을 보면 자신의 일처럼 기뻐했고 늘 다른 사람의 입장에서 생각하고 배려해주었다. 넓은 마음을 지니고 항상 바른 길을 걸어갔으며 말과 행동이 일치했다."

중국 송나라의 학자 정이가 자신의 형이자 스승인 정호가 사망한 후 그의 행장(行狀)에 적은 글이다. 따스함이 전체를 감싸는 듯 느껴지는 주인공 정호를 부르는 별명이 있었으니 그것이 바로 '춘풍화기(春風和氣)'였다. 시인이 추구하는 따스함은 정호의 '춘풍화기'를 떠올리게 한다. 말이 온기를 더하고 사랑이 따스함을 지켜준다. '아지랑, 아지랑' 피어나는 '이야기 꽃'은 세상 그 어떠한 꽃보다 아름답다.

그러나 여기가 끝은 아니다. 여기서 멈추었다면 시인이 아니다. 박승우의 진면목은 차가움의 대명사 '냉장고'에서 빛을 발한다.

냉장고 나라는/언제나 겨울//얼음꽁꽁동네와/찬바람씽씽동네가 있지//어느 날/냉장고 나라에 봄이 왔어/고장이 데려온 봄//얼음꽁꽁동네는 얼음이 녹아내리고/찬바람씽씽동네는 봄바람이 불었지

(박승우, 「냉장고 나라」 전문)

시인이 말하는 진정한 봄은 '고장이 데려온 봄'이다. 높은 곳에서 혜택처럼 내려주는 사탕발림 따스함이 아니다.

해바라기는//해도 보고/달도 보고/별도 보고/모두를 사랑하는데/해바라기라고 오해받아서 억울해요//항상 웃고 있는 것이 아닌데/웃고 있다고 오해받아서 억울해요//어쩜 해바라기는//아무도 보지 않는 깜깜한 밤/혼자 울고 있을지도 몰라요

(박승우, 「해바라기」 전문)

뒤통수를 쳐야 시인이다. 냉장고는 고장이 나고 해바라기는 울어야 한다. 냉장고가 몰아(沒我)한 것처럼 해바라기도 몰아(沒我)할 수 있어야 한다. 섣부르게 규정하려는 모든 것들의 뒤통수를 쳐야 진정한 봄이 오고 진정한 몰아(沒我)가 이룩된다.

박승우의 동시집 『힘내라 달팽이!』는 스스로를 얽어매는 모든 틀의 뒤통수를 치는 몽둥이다. 그의 몽둥이에 맞은 것들, 돈을 주고 사고파는 푸성귀와 집에서 밀려난 낡은 소파와 고장이 난 냉장고와 우는 해바라기는 계속 성장한다. 성장을 멈추려고 미적거리는 것들의 성장판을 활짝 열어주는 요술방망이다.

내가 기억하는 것의 총합이
바로 나다

박예자 동시집 **『엉덩이를 하늘로 올리고』**(리잼, 2022.11.)
김재수 동시집 **『열무꽃』**(한솔, 2022.10.)

1.

테세우스는 그리스 신화에 등장하는 영웅이다. 헤라클레스가 '힘의 영웅'이라면 테세우스는 '지혜의 영웅'이라고 말할 수 있다.

그는 크레타 섬의 '소 머리에 인간의 몸을 한 괴물' 미노타우로스를 물리치고 아마존을 정복하여 아테네를 융성하게 했다. 당시 테세우스는 미노타우로스를 죽인 후 배를 타고 아테네로 귀환했는데 테세우스가 타고 온 배는 아테네 사람들에게 커다란 자랑거리가 되었다.

이후 아테네 사람들은 이 배를 기념물이라 여겨 보관하기 시작했다. 그러나 나무로 만들어진 배는 썩기 시작했다. 그대로 놓아두면 배가 사라질 위기에 놓인 것이다. 이를 안타깝게 여긴 아테네 사람들은 새로운 나무를 가져와 배를 보수하기 시작했다.

시간이 지날수록 보수해야할 곳은 점점 많아졌고 마침내 이 배를 구성하고 있던 모든 부속물은 새로운 것으로 교체되었다.

여기에서 새로운 질문이 탄생한다. 부속물을 모두 교체한 이 배는 '테세우스의 배'인가 아니면 새로운 배인가.

이 질문은 사람에게도 그대로 적용된다. 인체를 구성하고 있는 세포는 37조 개에 이른다고 한다. 이 중에서 하루에 교체되는 세포의 수는 약 3,300개이며 대부분의 세포(99.5%)가 모두 새로운 것으로 교체되는 주기는 평균 80일이라고 과학자들은 말한다.

그러나 인체의 모든 부분이 교체되는 것은 아니다. 전체 세포의 0.5%를 구성하는 뇌 신경세포와 눈 수정체 세포는 일생 동안 교체되지 않는다고 한다.

그렇다면 99.5%가 새로운 것으로 교체된 '나'는 80일 전의 '나'와 같은 존재일까 아니면 다른 존재일까.

몸의 세포 중 99.5%가 새로운 것으로 바뀌었지만 '나'는 여전히 '나'를 '나'라고 인식한다. 그 이유는 무엇인가.

결론은 간단하다. 내가 나인 이유는 내 몸을 구성하고 있는 세포 때문이 아니다. 내가 나인 이유는 내가 기억하고 있는 모든 것 때문이다. 기억의 총합이 바로 나라는 뜻이다.

기억이 없는 나는 내가 아니다.

우리는 기억으로 존재하고 기억으로 살아간다. 갓 태어난 아기는 기억이 없으므로 스스로를 하나의 개체로 인식하지 못한다. 세상의 모든 것을 그냥 있는 그대로 인식한다. 내가 있고 타인이 있고 사물이 있다는 것을 인식하지 못한다. 내가 나임을 깨닫는 것은 학습이 이루어진 이후의 일이다. 우리가 생각할 수 있는 능력을 지닌 이유도 기억 때문이다. 언어의 사용과 문자의 해독, 타인과의 교류와 사회생활 등 모든 것은 기억에 기초한다.

DNA가 우리를 조종하고 있으며 우리는 DNA의 로봇이라는 말은 반은 맞고 반은 틀렸다. 위장과 심장 등 인체를 구성하고 있는 각 부분의 활동, 반사신경과 대사활동, 걷기와 뛰기, 생리현상과 감각 등은 DNA의 영향이지만 나머지 무수히 많은 우리의 활동은 모두 기억에 근거한다. 내가 나임을 인지하는 것도 기억에 의존하고 있다. 언제 걷고 언제 뛰어야 하는지도 기억이 정리해준다. 감각기관이 전달해준 정보를 이용해 다음 행위를 하게 만드는 것도 기억이 좌우한다. 눈으로 보고 귀로 들은 정보를 조합하고 활용해 결정을 내리는 것도 기억이 담당한다.

기억이 바로 나다. 내가 기억하지 못하는 활동이 있었다면 그것은 내가 아니다. 그러므로 기억은 인류 문명의 기초이며 모든 사회활동의 뿌리라고 할 수 있다.

시인은 기존의 기억을 새로운 기억으로 재창조하거나 잊었던 기억을 되살려주는 사람이다. 독자가 잊고 있던 것을 감동으로 환기시켜 기억을 부활시키고 그렇게 부활된 기억이 독자의 뇌리에 박혀 독자를 새롭게 만들어간다.

기억을 만드는 시인들을 만나보았다.

2.

어린이집 아가들이 눈만 빼꼼 내놓고/마스크 쓰고 집 앞을 지나갑니다.//마스크 삐뚜름하게 쓴 아가가 없습니다./마스크 벗은 아가도 없습니다.//그래도/속닥속닥//말 소리가 들립니다.

(박예자, 「속닥속닥」 전문)

마스크 쓴 아가들뿐이겠는가. 새들은 지저귀고 바람은 노래하며 지구는 빙빙 돌면서 날아가고 산은 꿈틀거리며 메아리를 토해내고 꽃은 피고 지고 풀은 한들거리며 물은 흐르고 돌은 구른다. 가만히 있는 것은 아무 것도 없다. 녹슨 고철은 공기 중 산소와 만나 대화하며 산화되고 있고 바위는 주변 환경과 교류하며 변화한다. 화성암은 물, 바람 등에 의해 침식을 받아 쪼개지고 그것이 압축작용과 교결작용을 통해 퇴적암이 되거나 열과 압력을 통해 변성암이 되기도 한다. 모든 암석은 순환하면서 다른 암석으로 변화한다.

시인은 그러한 변화를 그냥 스쳐지나가는 것이 되지 않게 하기 위해 시로 남긴다. 아가들이 마스크를 쓰고 지나가며 속닥거리는 모습을 남긴다.

우리가 흔히 기록을 뜻하는 단어로 사용하는 '문헌(文獻)'은 글자로 남긴 기록을 뜻하는 문(文)과 사람이 머리로 기억하는 것을 뜻하는 헌(獻)으로 구성된 단어다. 기억을 잊지 않게 하기 위해 문자로 남긴다. 여러 가지 이유로 종이에 적은 글자가 사라져도 머리의 기억은 남는다. 깜빡 놓친 기억을 종이에 기록한 글자가 환기시켜준다. 둘은 서로를 돕는다.

시인의 기억이 시로 살아남는다. 아가 자신도 기억하지 못하는 과거를 시인의 시를 통해 기억하게 된다.

박예자 시인의 일관된 '유아동시' 작업은 그래서 의미를 지닌다.

할머니랑 아가가/꽃집 앞을 지나갑니다.//"할머니!/꽃집에 꽃이 참 많아요."/"그렇구나."//"할머닌/무슨 꽃을 좋아하세요?"/"글쎄?"//"아가는?"/"꽃은요, 아무 꽃이나/다 좋아요./예쁘잖아요."

(박예자, 「다 예뻐요」 전문)

정원사가/감나무 가지를/싹둑싹둑/자르는 걸 본 아가.//발 동동거리며/아 저씨!/아저씨!/감나무 아파요/감나무 아파요/자르지 마세요.//아가는/두 손 흔들며/자꾸 소리 질러요.

(박예자, 「내가 아파요」 전문)

"아무리 나무가 울창한 산이라 하더라도 매일 도끼로 베어내면 헐벗은 산이 되고 만다. 적절하게 단비가 내리고 따스한 햇볕이 내리쬐여 매일매일 새롭게 싹이 돋아나는 들판이라 하더라도 소와 양을 풀어놓고 기르면 모든 풀을 소와 양이 뜯어먹어 마침내 황무지가 되고 만다. 사람들은 헐벗은 산과 들을 바라보며 '이곳은 원래 나무도 없고 풀도 없는 매우 황량한 곳이었던 모양이로구나.'라고 말한다. 이 말은 사실인가? 그것이 산과 들판의 본래 모습인가? 아니다. 본래 모습은 그렇지 않았다. 사람도 마찬가지다. 사람에게도 본래 바른 마음과 따스한 마음이 있었다. 그러나 매일 도끼로 이를 찍어내니 본래의 모습을 잃고 만 것이다. 물론 다시 이를 되찾기 위해 마음을 단정히 하여 예전의 아름다움을 되찾으려고 노력하면 새싹이 돋아나게 된다. 특히 밤에는 조용히 자신을 반성하는 시간을 갖게 되니 그 싹이 무럭무럭 자라나게 된다. 그러나 아직 크게 자라나지 못한 상태에서 낮을 맞이하니 낮이 되면 다시 밖에서 달려드는 수많은 유혹에 휩싸여 눌리고 뽑혀나가 마침내 다시 황폐한 상태로 변하고 만다. 매일 이런 일이 되풀이 되니 점점 사람의 모습을 잃고 사사로운 욕심에만 얽매여 마치 짐승처럼 변하고 만다. 그 모습을 보고 '저 사람은 원래부터 짐승이었다.'라고 말하는 것은 옳은 것인가? 아니다. 원래는 사람이었으나 그 바른 마음을 잘 지켜 키워나가지 못해 짐승처럼 변했을 뿐이다. 그러므로 무엇이든 잘 보존하고 잘 기르면 크고 풍성하며 아름답게 된다. 그러나 보존하지 못하고 아무렇게나 내버려두고 관리하지 않으면 무엇이든 모두 사라지고 만다."

《맹자(孟子)》에 나오는 말이다. 우리는 모든 꽃을 아름답게 여기고, 나무의 아픔을 나의 아픔으로 느낄 수 있는 마음을 지니고 태어났다. 세상 모든 것이 나의 일부분이고 나 또한 세상의 일부임을 태어나면서부터 알고 있었다는 뜻이다. 시인이 노래한 아가의 마음이 바로 그것이다. 그러나 이후 왜곡된 경험이 쌓이고 이것이 기억으로 누적되어 나와 남을 가르고 나의 시선으로 타자를 판단하게 되니 황무지가 되어버린 것이다.

박예자 시인이 줄기차게 이어가고 있는 '유아동시'는 마치 카메라로 아가를 찍는 것처럼 기교와 편집 없이 있는 그대로를 보여주고 있지만 그 속에 깃든 정신은 매우 깊고 높다. 아가를 노래하고 있지만 그 정신은 황무지를 향하고 있다. 점점 사람의 모습을 잃고 사사로운 욕심에만 얽매여 마치 짐승처럼 변하고 있는 우리들을 향하고 있다. 어서 돌아오라고, 처음의 바른 마음과 따스한 마음의 기억을 되살리라고 일깨워준다.

박예자의 동시집 『엉덩이를 하늘로 올리고』는 기억을 잊은 우리에게 기억을 되찾으라고 불러주는 잔잔한 노래다. 어른에게 들려주는 아가의 노래다.

3.

너를 향해 두들겼지/열어 달라고/안 열리더군//어느 날/나를 향해 두들기다가/보았어//나도 모르게 내 안에/단단히 잠긴/빗장 하나//알았어/내가 열어 놓아야/네가 열린다는 걸.

(김재수, 「똑똑」 전문)

네가 나를 기억하지 못하는 이유는 내가 너를 기억하지 못하기 때문이다. 내가 기억하지 않으면 너는 사라지고, 사라진 너는 더 이상 나의 관심을 끌지 못한다. 세상은 언제 사라지는가. 내 기억이 사라지면 세상도 사라진다. 내가 기억하고 있다면 세상은 사라지지 않는다.

"다른 사람을 아는 사람은 지혜로운 사람이고 스스로를 아는 사람은 밝은 사람이다. 남을 이기는 사람은 힘 있는 사람이고 스스로를 이기는 사람은 강한 사람이다. 만족을 아는 사람은 부유한 사람이고 생각을 실천으로 옮기는 사람은 의지가 곧은 사람이다. 자기 자신을 잘 아는 사람은 그 지위를 오래 지속할 수 있다. 그렇다면 가장 오래 장수하는 사람은 누구인가. 죽은 이후에도 사람들이 잊지 않고 기억해주는 사람이 가장 오래 장수하는 사람이다(死而不亡者壽)."

노자(老子)의 말이다. 노자가 말하는 '다른 사람을 아는 사람'이란 타인을 이해하고 소통할 줄 아는 사람을 말하는 것이며 '스스로를 이기는 사람'은 개인의 사리사욕을 이겨내는 사람을 말한다. 노자가 말하는 부자는 재물이 많은 사람이 아니라 욕심을 제어할 수 있는 사람을 말하는 것이며 불로장생(不老長生)하는 사람은 죽지 않는 신선을 뜻하는 게 아니라 죽은 후에도 모두가 기억해주는 사람을 의미한다.

기억이 존재를 좌우한다. 내가 열지 않으면 세상과 연결되는 문이 모두 잠겨 있음을 뜻한다. 잠겨 있는 존재는 죽은 존재다. 강철도 공기 중 산소와 결합해 산화되어 녹스는데 닫힌 사람은 그것조차도 하지 못한다. 기억을 되살려야 한다. 엄마와 연결되어 있던 자궁 속 기억을, 모든 것과 연결되었던 아가 시절의 기억을. 그렇게 하기 위해서는 내가 열어야 한다. 내가 기억해야 한다. 내가 기억한다면 그가 기억하지 못하더라도 아쉽지 않다. 내 기억 속에 그는 살아 숨 쉬고 있으니까. 내가 기억하는 동안은 그도 불로장생하고 있으니까.

하늘도 나처럼/울고 싶은 날이 있나봐//잔뜩 먹구름으로/찌푸린 얼굴//우루루 쾅쾅/요란한 소리로/눈물을 한참이나 쏟아 내리더니//속 시원해졌구나/해맑은 얼굴

(김재수, 「소나기」 전문)

빈 둥지에/새 한 마리//햇살 한 줌/물어 왔다.//환하다.//깃털 하나/팔았다//따스하다.

(김재수, 「둥지」 전문)

나를 열었더니 하늘도 이해가 된다. 나의 기억이 하늘까지 이어졌다. 잊었다면 알 수 없던 하늘의 마음을, 나의 지난 시절 기억으로 알아냈다.

둥지의 환하고 따스함도 마찬가지다. 가난했던 시절, 작은 것에 느꼈던 만족감과 행복감을 잊지 않았기에 가능한 일이다.

"인의예지(仁義禮智)는 태어날 때부터 가지고 태어난 '성(性)'에 포함되어 있는 것이므로 각자의 마음속에 이미 존재하고 있다. 그러므로 스스로 마음속 깊이 내재되어 있는 본래의 '성(性)'을 잘 살피면 이치를 깨달을 수 있다. 그러나 나무와 풀, 세상에 있는 모든 사물 속에도 그러한 이치가 이미 존재하고 있으니 자신의 마음만 들여다보는 것에 머물지 말고 눈을 넓고 크게 만들어 사물과 내가 하나의 것이라는 사실까지 깨우치는 게 좋을 것이다."

송나라의 학자 정이(程頤)의 말이다.

잊었던 기억을 되살리는 일은 나를 더 크게 만드는 일이다. 기억의 총량이 바로 나이기 때문이다. 잊었던 나의 기억을 되살려 나를 크게 만들면 타자에 대한 이해의 폭이 커진다. 타자를 이해하며 잊었던 나의 또 다른 기억을 되살려낸다. 결국 우리가 하나였음을 깨달으면, 환해진다. 따스해진다.

김재수의 동시집 『열무꽃』은 잊었던 기억을 부활시키는 열쇠다. 단백질이 아니라 기억으로 나를 키워주는 영양제다.

참여와 연대, 관심과 포옹⋯
그 위험한 아름다움

정나래 동시집 **『뭐라고 했길래』**(아동문예, 2022.8.)
문성란 동시집 **『나비의 기도』**(고래책빵, 2022.12.)

1.

어느 날, 공자의 제자인 자로가 '석문(石門)'이라는 곳에 도착하여 하룻밤을 지내게 되었을 때의 일이다. 석문을 지키는 문지기가 자로에게 '당신은 누구인가?'라고 물었다. 이에 자로가 '나는 공자의 제자인 자로라고 한다.'고 대답하자 문지기가 고개를 끄덕이며 이렇게 대답했다고 한다.

"아, 공자? 안 되는 줄 뻔히 알면서도 계속 하려고 달려든다는 그 사람 말이오?"

제자들은 공자를 존경하고 따랐겠지만 일반 민중들에게 공자는 어리석은 사람이었을지도 모른다. 이익을 따르지 않고 올바름을 따르려고 애쓰는 모습이 바보처럼 보였을 수도 있기 때문이다.

그러나 눈 맑은 사람에게는 타인의 아픔이 보일 수밖에 없고 귀 밝은 사람에게는 타인의 울음소리가 들리기 마련이다. 생각이 깊은 사람이라면 애써 외면하려 해도 외면할 수 없다.

상(商)나라의 재상, 요즘으로 말하면 총리 정도의 자리에 있던 이윤(伊尹)에 대해 송나라의 학자 주돈이(周敦頤)는 "이윤(伊尹)은 백성들 중에 한 사람이라도 어려움에 처하면 자신의 잘못으로 생각하여 거리에 나가 종아리를 맞는 것처럼 부끄럽게 생각했다"라고 말하며 그를 칭찬하기도 했다. 그러면서 주돈이는 이런 설명을 더했다.

"내 몸에 상처가 나거나 문제가 생기면 이를 바로 깨달을 수 있다. 세상 사람들을 내 몸처럼 생각해야만 이윤처럼 될 수 있다. 세상과 소통하고 있어야 한다는 뜻이다."

애써 드러내 뽐내지는 않지만 세상과 소통하며 타인의 아픔을 발견하는 맑은 눈을 지닌 시인들을 만나보았다.

2.

구름 조각이/하얀 발로 물 위를 건너도//나무 그림자가/살랑살랑 마음 흔들어도/꿈쩍 안 하던/호수//그 마음/흔들어 놓은 건//작은/돌멩이 하나였다.

(정나래, 「놀란 호수」 전문)

하늘 높은 곳의 구름과 세상을 넓게 휘도는 바람은 '작은 돌멩이'에 비하면 크고 존엄한 것이라 할 수 있다. 그렇기에 오히려 내 삶과는 상관이 없다. 나를 흔들리게 하는 것, 나를 변화시키는 것은 높은 구름이나 넓은 바람이 아니라 '작은 돌멩이'다. 크고 날카롭거나 무시무시한 돌멩이가 아니다. 압도적인 바위도 아니다. 정면으로 맞아도 아무런 상처도 입지 못할 '작은 돌멩이'일 뿐이다. 그런데 왜 그것은 '호수'를 또 '나'를 흔들리게 하는가.

혼자 사는 할머니/밤사이 잘 주무셨나/궁금해하던 밤나무가//뒷마당에/알밤 몇 개/던져 보았습니다//날이 밝자/지팡이 짚은 할머니가/바가지를 들고 나옵니다//안심한 밤나무는/다음 날에 던질 알밤을/또 열심히 준비합니다.

(정나래, 「밤나무」 전문)

'알밤'은 밤나무가 할머니의 호수에 던지는 '작은 돌멩이'다. 타자에 대한 관심이고 참여를 뜻한다. 너는 너대로 나는 나대로의 삶이 아니다. 그깟 작은 돌멩이 하나 호수에 던진다고 뭐가 달라지겠냐고, 그깟 밤알 몇 톨이 할머니의 삶에 무슨 변화를 가져오겠냐고, 바보같은 일이라 하더라도, 밤나무는 또 열심히 준비한다. 안 되는 줄 뻔히 알면서도 계속 하려고 달려든다.

중요한 것은 결과가 아니라고 믿기 때문이다. 결과를 바라고 하는 일이 아니다. 하지 않으면 견딜 수 없어서 하는 일이다. 아무 일도 하지 않는다고 누가 뭐라 하지 않음을 안다. 그러나 그냥 가만히 있는 것이 마치 거리에 나가 종아리를 맞는 것처럼 부끄럽다는 생각이 들었기 때문이다.

내가 무언가를 사랑하는 것은 상대도 나를 사랑해주기를 바라는 의도에 우선한다. 그렇기에 상대가 나를 사랑해주지 않는다고 해서 멈출 수 있는 것이 아니다. 어디 사랑뿐이랴. 결과를 기대하지 않고 하는 일은 얼마나 많은가.

그렇다면 이처럼 바보스러운 참여와 행동은 정말로 무의미한 것일까?

톱에 잘려나간/은행나무 그루터기에//고양이 찾아와/앉았다 가고//개미들 놀러와/바글거리다 간 뒤//잎이 돋아났어

(정나래,「뭐라고 했길래」일부)

문방구 뽑기통 앞에/버스 정류소 의자 아래/나물 파는 할머니 옆에//산타가,/심심한 곳에/그늘진 곳에/꽃 선물 놓고 갔어요//봄 산타가.

(정나래,「민들레」전문)

'작은 돌멩이'와 '알밤' 분만이 아니었다. 고양이와 개미들도 참여했다. 그 작고 초라하고 허무하며 비천한 일에. 게다가 무의미하고 쓸데없이 이어지던 일들, 안 되는 줄 뻔히 알면서도 계속 하려고 달려들던 모든 일들이, 의도와 상관없이 민들레꽃을 피우기도 한다. 톱에 잘려나가 쓸쓸히 남아있던 그루터기에 잎을 돋게 하기도 한다.

누가 했나? 봄 산타가 했다고? 아니지. 그건 아니지. 작은 돌멩이가 했지. 알밤이 했지. 고양이와 개미가 했지. 네가 하고 내가 했지. 안 되는 줄 뻔히 알면서도 계속 하려고 달려들던 바보들이 했지. 하지 않으면 견딜 수 없어서 훌쩍이며 나섰던 초라한 것들이 모두 모여서 이루었지.

폐지 가득 싣고 가는/손수레 한 대//접은 상자같이/허리 반으로 접힌/할머니를//손수레가/천천히 밀고 간다.

(정나래,「손수레가」전문)

바보들의 연대는 코로나19보다 힘이 세다. 전파력이 강하다. 호수를 깨어나게 한 작은 돌멩이를 보라. 민들레를 피어나게 하고 새 잎을 솟아나게 만든다. 개미와 고양이를 보라. 이러한 움직임은 한 방향으로만 전개되지 않는다. 역방향도 이루어진다. 보라, 할머니를 밀고 가는 손수레를!

밤나무를 지켜내는 할머니를 보았나? 민들레를 만든 심심한 곳과 그늘진 곳의 힘을 보았나? 고양이와 개미를 모이게 만든 그루터기의 작은 잎을 보았나? 진정한 소통은 일방에서 시작되어 쌍방으로 이어진다.

정나래 시인의 맑은 눈과 밝은 귀는 힘이 세다. 포기하지 말고, 쉬지 말고 세상을 향해 나아가라고 응원해준다. 주변의 모든 것이 힘을 모아 도와줄 것을 믿으라고 조언해준다.

정나래의 동시집 『뭐라고 했길래』는 심심하고 그늘진 곳을 찾아가는 응원단의 경쾌한 춤이고 신나는 응원가다. 웅크리지 말고 용감하게 손을 잡으라고 말해주는 따스한 포옹이다.

3.

큰 나무처럼/20층 우리 아파트도/뿌리가 있구나//지하 1층/지하 2층/지하 3층//커다란 우리 아파트/떠받치는/뿌리였구나

(문성란, 「아파트 뿌리」 전문)

"뜻은 크게 갖고, 실천은 작은 것부터 시작하라. 공부할 때에는 머리와 입으로만 하지 말고 직접 실천하여 몸으로 익히는 게 있어야 한다. 바로 코앞만 보지 말고 넓고 크게 멀리 시야를 넓혀라. 그러기 위해서는 탄탄한 기초가 필요하다. 비유하자면, 9층의 건물을 짓기 위해서는 높이 올라갈

것만을 연구해서는 안 된다. 높은 건물을 지으려면 반드시 넓은 터에 단단한 기초를 세워야 하기 때문이다(譬如爲九層之臺 須大做脚)."《근사록(近思錄)》에 나오는 말이다.

모두가 높이 오르려고 경쟁할 때, 아래로 시선을 돌리는 사람이 있다면 바보처럼 보일 것이 분명하다. 그러나 뿌리를 향한 시선은 9층이나 20층보다 높은 뜻을 지녔기에 가능하다는 것임을 잊어서는 안 된다.

목말라 버석거리면서도/물을 받으면//옆으로옆으로옆으로//아래로/아래로/아래로//전달전달전달//전달/전달/전달

(문성란, 「흙의 전달」 전문)

"산골짝 샘물을 보아라. 보이지 않는 깊은 땅 속에서 조금씩 흘러나와 근처의 모든 땅을 적시고, 오목한 웅덩이들을 모두 가득 채운 후에야 겉으로 모습을 드러낸다. 그리고 흘러내려 앞으로 나아가 바다까지 도달한다(盈科而後進 放乎四海). 그러나 여름철 소나기는 어떠한가. 미친 듯 쏟아져 세상을 다 삼켜버릴 것처럼 보이지만 비가 그치고 나면 땅속으로 모두 스며들어 자취를 찾을 수 없게 말라버리고 만다. 진정 부끄러운 것은 무엇인가. 명성을 날리지 못하는 게 아니라 명성이 실제보다 지나치게 부풀려지는 것이 부끄러운 일이다(聲聞過情 君子恥之)."

맹자의 말이다. 그의 비유는 매우 명쾌하다. 산속 샘물은 졸졸 흘러 그 위세가 약한 것처럼 보이지만 실제는 다르다. 주변 모든 곳을 다 가득 채운 후 흘러나오기 때문이다. 반대로 소나기는 갑자기 쏟아져 그 위세가 강한 것처럼 보이지만 채워지지 않은 부분을 채우고 나면 바싹 말라 금세 초라해지고 만다.

흘러넘쳐 모든 사람들 눈에 보이기를 원한다면 우선 나와 내 주변을 가

득 채워야 한다. 가득 채우는 것에만 집중하면 보너스로 흘러넘침이 주어진다. 반대로 흘러넘침에 집중하면 어떻게 될까. 조급함을 이기지 못해 그릇을 넘어뜨려 반 정도 채워진 물을 쏟아낼 수밖에 없다. 그러면 금방 말라버리게 된다.

드러내지 않는 것으로 인해 확연히 드러내고, 아래로 향한 시선으로 위로 오르는 힘을 만든다. 문성란 시인의 감각은 이처럼 깊고 넓으며 높다.

뿐만이 아니다. 참여와 연대의 중요성도 잊지 않는다.

시골 장터/국밥집 방앗간 철물점 이발소 떡집…/옆에옆에옆에/어깨동무하고/이웃과 손잡은 수평//내가 사는 아파트/101호/201호/301호/401호…//위아래위아래/오르내리며 만나도/말도 안 나눠/손잡기 어려운/수직

(문성란, 「수평과 수직」 전문)

시인이 말하는 '옆에옆에옆에'가 주는 울림이 20층 보다 높은 이유는 어깨동무와 손잡기에 근거한다. '위아래위아래'는 꺼져라. 20층? 높다고 자랑하지 말라. 지하층의 뿌리가 없으면 넌 초라하게 무너지니까. 나대지 말라. 고개를 낮춰라.

집도 사람도/업어주지//무거워도 힘들어도/업어주지//더울 때나 추울 때나/업어주지//업어주려고 엎드려/몸을 낮추지/무릎도 꿇지

(문성란, 「낙타는」 전문)

낙타는 힘이 세다. 키도 크다. 앞뒤 길이는 평균 3미터이며 높이는 2미터 내외다. 무게는 500kg을 넘는다. 그러나 엎드리고 무릎을 꿇는다. 협력하기 위해, 연대하기 위해. 낙타 앞에서 나대지 마라. 너희 중에 낙타보

다 크고 힘센 자가 있느냐. 그럼에도 불구하고 낮추고 낮춰 협력하는 이가 있느냐. 그가 뿌리고 그가 지하층이며 그가 옆으로옆으로이고 옆에옆에 정신이며 어깨동무 그 자체다.

문성란의 동시집 『나비의 기도』는 겸손하지만 강하다. 억지로 드러내 뽐내지 않지만 그 아우라가 천지를 덮는다. 큰 소리로 불러도 대답이 없어 돌아가려는 순간, 뒤늦게 돌아온 메아리가 뒤통수를 가격한다. 그처럼 깊고 넓은 골짜기와 높고 웅장한 봉우리를 갖추었다. 아직 심지에 불이 닿지 않은 다이너마이트다. 드러내지 않는 위험한 아름다움이 속에 가득하다.

누가 눈보라 속에서
푸르른 송백(松柏)을 보았는가

오순택 동시집 『달 도둑』(아침마중, 2023.6.)

1.

추사 김정희는 흔히 명필 서예가로 알려져 있지만 그를 단순히 서예가로 인식하는 것은 큰 잘못이다. 그는 역사학자요 인문학자였으며 정치가이며 화가이기도 했다. 그가 남긴 학문적 업적은 그가 남긴 서예작품을 능가하고도 남는다.

대중적으로 잘 알려진 김정희의 작품 '세한도(歲寒圖)'는 국보 제180호로 지정된 것인데 마치 어린이가 그린 듯한 단순함이 주는 고졸미(古拙美)가 일품이다. 이 작품의 제목인 '세한도'는 "한겨울이 되어서야 소나무 잣나무가 시들지 않음을 알 수 있다(歲寒然後知 松栢之後凋)"는 공자의 말에서 가져왔다.

당시 김정희는 대역죄인으로 몰려 제주도에서 유배 생활을 하고 있었다. 고립된 김정희였지만 그의 제자였던 이상적(李尚迪)은 김정희를 잊지 않았다. 통역관이었던 이상적은 중국에 갈 때마다 최신 서적을 구해서 김정희에게 보냈으며 청나라의 최신 정보까지 전해주었다. 초라해진 자신에게 정성을 쏟아준 그 마음이 너무도 고마워 그려준 그림이 바로 '세한도(歲寒圖)'였다. 세상이 변해도 변하지 않아야 하는 게 있다는 생각의 표현이었다.

김정희가 '세한도(歲寒圖)'를 그린 시기는 겨울이 아니라 여름이었다. 상상 속의 나무를 그렸다는 뜻이다. 현실(現實) 속에서는 잘 보이지 않지만 분명히 존재하고 있는 진실(眞實)을 담아낸 것이다.

김정희는 소나무와 잣나무를 직접 그림으로 남겼지만 그림조차 남기지 않고 이를 드러낸 사람도 있었다. 김정희의 스승은 박제가(朴齊家)이며 박제가의 스승은 조선 최고의 문장가 박지원(朴趾源)이다. 박지원이 남긴 글 속에 '그림조차 남기지 않고 이를 드러낸 사람'이 등장한다. 박지원에게 학문을 가르친 이양천(李亮天)과 그의 친구 이인상(李麟祥)이 그 주인공이다.

이양천은 시·서·화에 뛰어난 이인상에게 잣나무를 그려달라고 부탁했다. 얼마 지난 뒤 이인상이 족자를 보내왔는데 펼쳐보니 잣나무 그림은 없고 눈 내리는 날의 풍경을 묘사한 시(詩)가 적혀있었다. 이양천이 까닭을 묻자 이인상은 '분명 그 안에 잣나무가 있으니 잘 찾아보라'고 했다. 그러나 시에는 잣나무 이야기가 나오지도 않았다. 그저 휘몰아치는 눈보라 이야기뿐이었다. 이양천은 의아했지만 끝까지 캐묻지 않고 그냥 지나쳤다.

그런 일이 있고 나서 얼마 지난 후, 이양천은 임금에게 상소문을 올렸다가 임금의 노여움을 사서 흑산도에 귀양을 가게 되었다. 유배지로 가던

중 눈이 내리기 시작했다. 그러는 사이에 '금부도사가 우리 일행을 찾아오고 있는데 아마도 사약을 가지고 오는 것이라고 한다'는 소문이 돌기 시작했다. 일행들이 모두 깜짝 놀라 울부짖기 시작했다. 눈은 폭설로 변해 앞이 보이지 않게 내리는 중이었다.

발걸음을 멈춘 이양천은 폭설로 인해 어른거리는 먼 산을 바라보다가 무릎을 치며 이렇게 외쳤다.

"아, 이인상이 말하던 눈 속의 잣나무가 바로 저기 있구나!"

그러나 다른 사람들의 눈에는 아무것도 보이지 않았다. 하염없이 쏟아지는 눈만 어지러이 날릴 뿐이었다.

박지원은 이런 일화를 소개하며 이렇게 글을 마무리했다.

"이양천 스스로가 눈 속의 잣나무로다. 어려움 속에서도 뜻을 바꾸지 아니하고 홀로 우뚝 서 있었으니 어찌 날씨가 추워진 뒤에도 변하지 않는 잣나무가 아니겠는가."

김정희는 여름에 겨울 송백(松栢)을 그렸고 이양천은 눈보라 속에서 자신이 송백(松栢)임을 기억해냈다. 이인상이 '분명 그 안에 잣나무가 있으니 잘 찾아보라'고 한 이유가 여기에 있었다. 중요한 것은 눈에 보이지 않게 숨겨져 있다. 그것을 찾아내는 것은 나의 깨우침이다. 새로운 개안(開眼)이다.

눈에 보이는 것만이 전부가 아니다. 귀에 들리는 것만이 전부가 아니다. 눈에 보이지 않는 수많은 밀입자들이 존재한다. 우주는 온통 원자와 전자로 가득하지만 우리는 보지 못한다. 수많은 파장이 세상에 존재하며 다양한 소리를 내고 있지만 우리의 귀는 20㎐에서 20㎑ 대역의 소리만 들을 수 있다. 그것보다 작거나 큰 주파수의 소리는 듣지 못한다. 보이지 않는다고, 들리지 않는다고 없는 게 아니다.

오순택의 동시집 『달 도둑』에는 보이지 않지만 분명히 있는, 들리지 않지만 확연하게 존재하는 것들에 대한 이야기가 가득하다.

2.

산 너머 과수원엔/복사꽃 망울지고//도랑물 조잘조잘/징검다리 적시겠
다.//멧새는/봄 햇살을 물고/온 마을을 돌겠다.

(오순택, 「멧새의 봄」 전문)

길을//동그랗게 감으며//시골 다녀온/아버지의 자동차 바퀴에서/코스모스
향내가 난다.

(오순택, 「자동차 바퀴」 전문)

산 너머를 누가 보았는가. 도랑물의 조잘거림은 누가 들었는가. "~겠
다"라는 표현은 보지 않았음을, 듣지 않았음을 말해준다. 게다가 자동차
바퀴에서 어찌 코스모스 향내가 나겠는가.
　시인은 보지 않았고 듣지 않았고 맡지 않았다. 그런데 어찌 아는가. 김
정희가 여름에 송백을 그린 것과 같은 이치다. 이양천이 눈보라 속에서 잣
나무를 본 것과 같은 이치다. 반드시 있어야 하는 것은 눈으로 귀로 코로
확인하지 않아도 있다는 것을 느낄 수 있다. 수소가 눈에 보이지 않아도
있는 것처럼.

아기 염소 두 마리/순한 뿔 마주 대며/장난을 치고 있다.//먼발치에서/엄마
염소가/이윽히 바라보고 있다.//노랑턱멧새 한 마리/엄마 염소 뿔에 앉아
서/삐빗삐빗 노래하고 있다.

(오순택, 「염소 뿔에 앉은 노랑턱멧새」 전문)

이제는 조금 다르다. 이제는 "~겠다"가 아니다. 분명히 보고 있다. 듣고 있다. 장난을 치고 있는 아기 염소 두 마리를 보고 있고 노랑턱멧새의 노래도 듣고 있다. 그런데 이토록 단순하고 뭉툭한 읊조림이 왜 작품이 되어야 하나. 이 정도는 누구나 들로 산으로 나가면 확인할 수 있는 장면이 아닌가.

시(詩)가 한 작품으로 있을 때와 시집(詩集)으로 묶였을 때의 차이가 바로 여기에 있다. 「염소 뿔에 앉은 노랑턱멧새」의 의미는 시집 속에 함께 묶여 있는 다른 작품들과 어깨동무를 하고 있다. 그 관계 속에서 의미를 발견해야 한다.

태양과 지구는 서로 따로 떨어져 존재하는 것처럼 보인다. 무엇으로 연결된 것이 눈에 보이지 않는다. 그러나 중력으로 묶여 있다. 눈에 보이지 않지만 강하게 연결되어 있다. 보이는 것보다 더 강하게 상호작용하고 있다.

염소 뿔에 앉은 노랑턱멧새는 그걸 알고 있다. 별은 별과 별 사이, 즉 성간(星間)에서 태어난다. 우주의 먼지들이 서로 중력에 의해 수소와 충돌하고 부딪치다가 그것이 점점 강해져 온도가 오르고, 마침내 중심온도가 400만도를 넘어서면 핵융합이 일어나 불이 붙어 스스로 빛나는 별이 된다. 별이 직접 별을 만드는 게 아니라 별과 별 사이의 공간에서 별이 만들어진다.

아기 염소 두 마리가 순한 뿔 마주 대며 장난을 치고 있다는 것은 단순히 지금 눈앞에 펼쳐지는 장면이 아니다. 그걸 어떻게 아냐고?

아무리 바빠도/뚜벅뚜벅 걷고//밭갈이 하면서/먼 산 바라보며/눈망울 끔벅끔벅//소의 커다란 눈 속으로/산이/통째로 들어온다.

(오순택, 「눈이 커다란 소」 전문)

샛강에 내려가/몸을 씻고//목화밭에 가서/하얀 꽃 피워주고//억새꽃 핀 언덕빼기에서/한나절 놀다가//미루나무 우듬지/까치가 이사 산/빈집에 들러 잠 잔다.

(오순택, 「뭉게구름」 전문)

소도 안다. 눈이 커다란 소는 세상을 부분으로 인식하지 않고 통째로 인식하기 때문이다. 뭉게구름도 안다. 어느 한 곳에 고정되어 고착된 시선을 갖고 있지 않으므로 볼 수 있다. 얽매이면 보이지 않는다. 묶이면 들리지 않는다. 막히면 느낄 수 없다. 잘게 부수어 현미경으로 보면 모른다. 통째로 인식하는 깨우침의 개안이 필요한 이유다.

지구가 자전하면/해가 지고 달이 뜬다//꽃 피고 눈 오는 것도/우주의 섭리다.//팽이는/돌고 돌면서/무지개를 피운다.

(오순택, 「팽이」 전문)

여덟 장/분홍 꽃잎//머리에 얹은/가느다란 꽃대//개구쟁이 바람이 건드려도/발그레한 미소/그냥 그대로//우주를 품은/분홍 꽃.

(오순택, 「코스모스 피는 까닭」 전문)

입에 넣고/톡,/깨물면//햇살이 화르르 쏟아진다.//아,/입안에 가득 고이는/새콤달콤한 우주의 맛.

(오순택, 「포도 한 알」 전문)

오순택에게 우리가 사는 세상은 우주의 일부분일 뿐이다. 지구를 작게 만들면 팽이가 된다. 팽이를 크게 키우면 지구가 된다. 그래서 포도 한 알이 우주의 맛을 지닌다. 아기 염소 두 마리의 장난질이 별을 만들었다는 것을 알았다는 증거다.

3.

서울 봉은사 '판전(板殿)'에는 추사 김정희가 사망하기 며칠 전에 쓴 것으로 알려진 편액(扁額)이 걸려 있다. 김정희의 마지막 작품으로 추정된다. 왼쪽에는 세로로 '칠십일과병중작(七十一果病中作)'이란 글이 쓰여 있는데, 이는 '71세에 과천에서 병을 앓고 있을 때 썼다'는 뜻이다. 그런데 이 편액의 글씨가 참으로 묘하다. 기교나 멋들어짐이 하나도 느껴지지 않는다. 마치 처음 붓을 잡은 아이가 서툴게 쓴 글씨처럼 보인다. 게다가 '판전(板殿)'이란 글의 뜻도 그냥 밍밍하게 '경판(經板)을 쌓아 두는 전각'이라는 뜻을 지닐 뿐이다. 은유나 비유도 없다.

기교는 어디서 멈추는가. 어디서 완성되는가. 기교는 시선을 갖출 때 멈추고 완성된다. 일정한 프레임을 벗어던질 때 완성된다. 정밀한 묘사는 있는 그대로의 모습을 사진처럼 그릴 수 있을 때까지 갈고 닦아야 한다. 그게 다 완성되면 추상화로 변모한다. 글씨도 문학도 마찬가지다. 세상을 창문이 아니라 '통째로' 보는 눈을 지니면 창문을 버려야 한다. 나비도 돌도 염소도 꽃도 새도 모두 별에서 온 부스러기들로 만들어졌음을 깨달았는데 이제 무엇이 더 필요하겠는가.

눈보라 속에서 눈에 보이지 않는 잣나무를 보았는데 휘몰아치는 눈보라가 눈에 들어오겠는가. 무더위 속에서 눈 쌓인 송백을 보았는데 더위가 느껴지겠는가. 세상의 시작과 끝을 이미 보았는데 무슨 더 이상의 기교가 필요하겠는가. 최고의 기교를 고졸(古拙)이라고 칭한다면, 고졸(古拙)은 이미 기교가 아니라 시선(視線)이다. 새로운 시선을 얻었다면 기교는 거추장스러운 짐이 될 뿐이다. 이미 섬에 도착했으면 배는 필요 없으니까.

오순택의 동시집 『달 도둑』은 추사의 송백이며 판전이고 이양천의 잣나무다. 그렇다면 그 이후에는 무엇이 있을까.

별이 만들어져 진화하면, 그래서 제 생명을 다하면, 별을 빛나게 만드는 수소가 헬륨으로 거의 다 바뀌면, 별은 생명을 다한다. 그리고 스스로 폭발해버린다. 그게 끝이냐고? 아니다. 이때 만들어진 가스와 먼지는 성운이 되고 다른 별과 별 사이의 중력으로 인해 수소와 충돌하고 부딪치다가 그것이 점점 강해져 온도가 오르고, 마침내 중심온도가 400만도를 넘어서면 핵융합이 일어나 불이 붙어 스스로 빛나는 별이 된다. 새로운 별이 되는 것이다.

『달 도둑』 뒤에 새별이 탄생하는지 지켜볼 일이다.

시(詩)는 주장하는 게 아니라 발견하는 것이다

손동연 동시집 **『날마다 생일』**(푸른책들, 2023.1.)

1.

"공자(孔子)가 제자들과 함께 길을 가다가 험한 물살이 굽이치는 폭포와 계곡을 만나게 되었다. 어찌나 물살이 거센지 큰 거북이나 악어는 물론 물고기와 자라들도 헤엄칠 수 없는 곳이었다. 그런데 그런 급류에서 한 사내가 헤엄치고 있는 것이 아닌가. 공자는 그가 스스로 목숨을 끊으려는 게 아닌지 걱정되어 제자들과 함께 그를 건져 올리기 위해 따라가기 시작했다. 그런데 그 사내는 아무렇지도 않은 듯 물에서 걸어 나와 어슬렁거리며 노래를 부르고 있었다. 이를 본 공자가 깜짝 놀라 그에게 다가가 물었다.

'귀신이 아닌가 싶어 살펴보니 분명 사람이 맞군요. 어찌 이렇게 험한 물살에서 유유자적하게 수영을 즐길 수 있습니까? 무슨 특별한 비결이라도 있나요?' 그러자 사내가 대답했다. '비결은 따로 없습니다. 그저 물이 지니고 있는 법칙을 따를 뿐이죠. 소용돌이가 일면 물속 깊이 들어가게 놓아두고 물이 솟아오르면 저절로 몸이 물 위로 오르게 놓아둡니다. 내 의지를 따르는 게 아니라 물의 움직임에 내 몸을 맡길 뿐이죠.'"

《장자(莊子)》에 나오는 이 이야기는 공자의 '자절사(子絶四)'와 같은 맥락이다.

그렇다면 멍청하게 혹은 멍하니 있어야 한다는 뜻일까? 아니다. 나를 내세우지 않고 주변과의 조화를 생각하라는 뜻이다. 그래서 '때에 따라 상황에 적절히 하라.'고 시중(時中)을 강조한다. 급류에서 헤엄치는 사내와 공자가 같은 맥락 속에 있음을 알 수 있다. 뿐만이 아니다. 자연의 법칙 또한 그러하다. 그 어느 것도 홀로 존재하거나 배타적 독립을 추구하지 않는다.

눈을 들어 세상을 보라. 다른 것들은 사라지게 만들고 하나의 종만 가득한 곳이 어디 있는가. 사람들이 인공적으로 만든 논과 밭만이 그러하다. 논에는 벼만 가득하고 수박밭에는 수박만 자라고 있다. 논과 밭은 그래서 자연을 거스르는 곳이다. 이처럼 억지스러운 곳이 없다.

진리 혹은 진실은 주장하는 게 아니라 발견하는 것이다. 눈 맑은 시인은 인간중심의 색안경을 벗고 있는 그대로의 세상과 만난다. 귀 밝은 시인은 나를 변화시키라고 조언할 뿐 세상을 바꾸라고 조언하지 않는다. 급류에서 헤엄치는 사내처럼 억지스러운 인간 세상에서 자연스러운 노래를 읊는 시인을 만나보았다.

2.

해는/하느님의 젖꼭지//다/고루/물려 주신다

(손동연, 「해」 전문)

나비가/날아오르자/하늘까지가 꽃밭의 둘레 되었다//빗방울들이/뛰어내리자/땅까지 구름밭의 둘레 되었다

(손동연, 「둘레」 전문)

꽃 한 송이 피었다./지구는/조심조심 꽃그릇//새알 하나 깨었다./지구는/두근두근 새 둥지

(손동연, 「날마다 생일」 전문)

    모두에게 젖을 물리는 해는 누구의 것인가. 모두의 것이다. 아무도 소유하지 않기에 모두의 소유가 된다. 흔히 공사(公私)를 구분하라고 하지만 정확하게 말한다면 공(公)은 사(私)를 키워주는 어미같은 존재다. 해가 모두에게 젖을 물리는 것처럼 공(公)은 모든 사(私)에게 이익을 나눠주는 존재다. 다만 어느 특정 세력이나 개인이 공(公)의 젖을 혼자 독점하려 했을 때 문제가 될 뿐이다. 공(公)은 공(公)대로 사(私)는 사(私)대로 따로 떨어져 존재한다면 세상은 엉망진창이 되고 말 것이 분명하다. 사(私)가 모인 게 공(公)인데 어찌 다르겠는가.
    시인은 공과 사가, 마치 우리의 몸과 그 몸을 이루고 있는 세포들처럼 서로 어깨동무하고 연결되어 정보를 주고받고 영양분을 교환하고 있는 세상을 발견하고 노래한다. 그렇기에 나비가 날아오르면 하늘도 꽃밭이 되고 빗방울이 떨어지면 땅이 구름밭이 된다. 그러나 하늘은 꽃밭에 머물지

않고 땅도 구름밭에 고정되지 않는다. 나비는 하늘의 소유권을 주장하지 않고 빗방울도 땅에 대해 배타적 권리를 주장하지 않는다.

꽃이 피면 지구는 꽃그릇이고 새가 태어나면 새둥지다. 양자역학에서 말하는 '슈뢰딩거의 고양이(Schrödinger's cat)'처럼, 세상은 여러 가지 상태가 공존하는 형식으로 존재한다. 주장하지 않고 발견하는 것은 상자 속의 고양이뿐만이 아니라 세상의 모든 것이 그러하다는 뜻이다.

아무렇게나 불러도/노래가 됩니다//그 노래/다 모으면/봄이 됩니다

(손동연, 「종달새」 전문)

가슴 한복판이/뻥 뚫린/방패연.//높이/높이/하늘 높이/박차고 올랐습니다.//방패를/버리고서야/하늘을 품었습니다.

(손동연, 「방패연」 전문)

종달새가 부르는 노래에 무슨 뜻이 내포되어 있겠는가. 그런데 그 없음이 듣는 이의 마음을 울린다. 슬픈 이에게는 위로를 기쁜 이에게는 박수를 무서운 이에게는 용기를 넘어진 이에게는 도닥임을 준다. 뜻이 없음의 위대함이다. 이또한 공자의 '자절사(子絶四)'와 같은 맥락이다. 그렇기에 이러한 것을 다 모으면 따스한 봄이 된다. 생명을 잉태하는 봄이 된다.

"하늘이 내려준 바른 이치는 원형리정(元亨利貞)으로 구성되어 있습니다. 이것이 사람의 마음으로 들어오면 인의예지(仁義禮智)가 됩니다. '원(元)'은 사계절 중 봄에 해당합니다. 따스하고 온화하여 새싹이 돋아납니다. 사람에게는 어질고 착한 마음, '인(仁)'에 해당됩니다. 따스한 마음으로 사람들을 감싸주기 때문입니다. '형(亨)'은 사계절 중 여름에 해당합니다. 모든 것이 무성하게 자라납니다. 사람에게는 '예(禮)'에 해당합니다. 바른 예절로

어질고 착한 마음을 더욱 크게 키워나가는 것입니다. '이(利)'는 사계절 중 가을에 해당됩니다. 풍성한 결실을 맺습니다. 사람에게는 '의(義)'에 해당합니다. 어질고 착한 마음을 더욱 크게 키워냈기에 올바름을 이루어내는 것입니다. '정(貞)'은 사계절 중 겨울에 해당합니다. 모든 것을 이루어내고 조용히 스스로를 돌아보며 조용히 반성하는 시간입니다. 사람에게는 '지(智)'에 해당합니다. 바른 마음을 지니고 그것을 바르게 실천하는 과정 속에서 지혜가 쌓이는 것입니다."

율곡 이이가 설명한 사계절과 원형리정·인의예지에 대한 설명이다. 그리고 이에 대한 결론으로 이이는 이렇게 마무리한다. "원형리정(元亨利貞)을 모두 합하면 원(元)이 되고 인의예지(仁義禮智)를 모두 합하면 인(仁)이 되며 사계절을 모두 합하면 봄이 됩니다."

이처럼 복잡한 율곡의 이야기를 시인은 '종달새의 노래를 다 모으면 봄이 된다'라고 간단하게 축약해버린다.

방패연은 또 어떠한가. 방패연이 방패를 버리고 하늘을 품었다. 공자가 스스로 나를 버리고 천리(天理)를 깨달은 것과 다르지 않다. 사람이 사람을 버리고 생물이 되거나 사람이 사람을 버리고 물질을 구성하는 기본입자인 원자의 집합체가 되는 것과 다르지 않다.

3.

꽃과 꽃 사이/나비가 다니는 길이 있지요./나무와 나무 사이/새가 다니는 길이 있지요.

(손동연, 「학원 가기 싫은 날」 부분)

솟아나는 것은/솟구치는 것은/분수다//꽃대도/나무줄기도/담쟁이덩굴도/다 분수다//하늘로/하늘로 오르다가/마침내는 꼭대기에서/아래로/아래로 떨어지는//씨앗이거나/나뭇잎이거나/담쟁이 단풍이거나/다 분수다

(손동연, 「분수」 전문)

다른 나뭇잎들과/모여 사니/참 좋아!

(손동연, 「낙엽」 전문)

방패가 방패를 버리고 지구가 지구를 버리고 내가 나를 버리면 무엇이 남는가. 꽃과 꽃 사이, 나무와 나무 사이, 별과 별 사이, 나와 너 사이가 있을 뿐이다. 존재가 중요한 것이 아니라 존재와 존재 사이의 관계가 중요하다는 뜻이다. 태양이 중요하고 지구가 중요한 것이 아니라 태양과 지구 사이의 관계가 중요하다. 네가 중요하고 내가 중요한 게 아니라 너와 나 사이의 관계가 중요하다. 꼭대기와 아래가 중요한 게 아니라 그 움직임이, 그 관계가 중요하다. 그렇기에 바닥에 떨어진 낙엽도 즐겁다. 좋다. 위가 아니더라도, 아래에 있더라도, 관계가 있으니 의미가 솟아난다, 의미가 솟구친다.

손동연의 동시집 『날마다 생일』은 '원(元)'이고 '인(仁)'이며 '봄'이고 '자절사(子絶四)'다. 끊어냈기에 연결되고 버렸기에 얻었으며 비웠기에 채워졌다. 주장하지 않고 발견했기에 하늘을 품었다. 존재가 아니라 그 사이의 관계를 살폈기에 발견해냈다.

억만년이 지난 후 만나는 너와 나

최영재 동시집 『**피아노의 어금니**』(아침마중, 2023.9)
하지혜 동시집 『**소리끼리 달달달**』(청개구리, 2023.2.)

1.

사람이 무엇인가를 느끼는 것을 흔히 감각(感覺)이라고 말한다. 그리고 이를 다시 시(視)·청(聽)·후(嗅)·미(味)·촉(觸)으로 나누어 5개의 감각 기능이라고 설명하며 '인체가 외부 세계의 상태나 변화를 지각하는 방법'이라고 말하기도 한다.

그러나 사람이 이러한 다섯 가지 감각을 균등하게 활용하는 것은 아니다. 이 중에서 사람은 특히 시각에 의존한다. 진화의 과정 속에서 특화된 감각이다. 특히 문자 등 상징 이미지의 사용은 시각에 대한 의존도를 크게 높였다.

여기서 생기는 의문 하나. '우리가 느끼는 게 오로지 외부 세계뿐일까?' 우리는 배고픔도 느끼고 외로움도 느낀다. 심장이 뛰는 것도 느끼고 기쁨과 슬픔도 느낀다. 이것은 외부 세계가 아니라 내부 세계에 대한 느낌이다.

뿐만이 아니다. 위장이나 방광 내부에 내용물이 얼마나 채워졌는지를 알아내는 내장감각, 관절이나 근육의 긴장도를 느끼는 감각, 중력의 방향을 지각하는 평형감각도 지니고 있다.

결국 '눈, 코, 귀, 혀, 살갗을 통해 바깥의 어떤 자극을 알아차린다'는 감각에 대한 설명은 반만 맞고 반은 틀렸다는 것을 알 수 있다. 우리는 바깥이 아니라 안의 자극도 느낀다는 뜻이다.

게다가 어디가 바깥이고 어디가 안인지 명확한 구분도 어렵다. 위장이나 방광의 내부는 바깥인가 안인가. 우리의 몸을 고무호스에 비유한다면 입에서부터 항문으로 이어지는 내부공간은 고무호스의 내부공간과 같다. 고무호스의 내부공간이 고무호스 자체가 아닌 것처럼 입에서부터 항문으로 이어지는 우리의 내부공간도 우리 몸이 아니기 때문이다.

호스를 수도꼭지에 연결해 물을 흐르게 했을 때, 그 물은 호스의 내부를 통과하는가 아니면 호스의 외부를 통과하는가. 엄밀히 말하면 호스의 내부에 뚫린 공간은 호스 자체가 아니기 때문에 호스의 외부다. 그릇도 마찬가지다. 그릇에 담긴 밥은 그릇 자체가 지닌 게 아니라 그릇의 외부에 올려놓은 것이다. 우리가 먹은 밥이 입을 거쳐 위장과 대장을 통과하는 과정도 같다. 그 공간은 우리 몸 자체가 아니다. 그러므로 밥은 우리 몸 외부를 스쳐지나간다. 어디가 외부이고 어디가 내부인지 구분하기 힘들다.

시각도 마찬가지다. 눈으로 인지한 외부의 사물은 이미지 형태가 아니라 전기에너지로 바꾸어 뇌로 전달되고 뇌에서는 그 전기에너지를 분석해 이미지를 떠올리게 만든다. 마치 FAX로 전송된 이미지가 출력기에서 인쇄되는 것과 같은 원리라는 뜻이다.

그러므로 감각은 그 영역을 한정하기 어려울 정도로 넓고 복잡하다. 이를 민감하게 수용해 세상과 나를 동시에 인지하고 이를 표현해내는 시인들을 만나보았다.

2.

생일케이크를 먹을 때/언니, 오빠, 엄마, 아빠는/입으로만 먹지만//아기는/코끝으로도 먹고/뺨으로도 먹고/턱으로도 먹어요.//얼굴이 다 함께 먹어요./잔치잖아요.

(최영재, 「생일잔치」 전문)

소나기에 함빡/젖고 있는 숲//눈을 함빡/뒤집어쓴 산마을//저녁놀에 함빡/물든 들녘//웃음이 함빡/엄마 품에 안긴 아기 얼굴.

(최영재, 「함빡」 전문)

'언니, 오빠, 엄마, 아빠'와 '아기'의 차이는 어디에 있는가. 고정관념이 있느냐 없느냐의 차이다. 음식물을 입으로 먹는 것은 성인들의 생각이다. 음식물은 위장도 먹고 소장도 먹으며 대장도 먹는다. 입은 거들뿐이다. 그럼에도 불구하고 최초의 연결고리인 입만 떠올리는 것은 고정관념 때문이다. 아기는 다르다. 눈으로 보는 것부터 만져보는 것, 냄새를 느끼는 것도 모두 맛보는 것이다. 그러니 먹는 게 어찌 얼굴뿐이랴. 기억으로도 먹는다. 열린 자세를 지니면, 열린 감각을 지니면 나와 세상이 만나는 모든 이

벤트가 잔치가 된다.

　이것은 아기뿐만이 아니다. 소나기를 만나는 숲이 그러하고 눈을 만나는 산이 그러하며 저녁놀을 만나는 들녘이 그러하다. 다가오는 모든 것을 가리지 않고 온전하게 흠뻑, 함빡 맞이한다. 그것이 자연의 이치이고 그 이치를 고스란히 받아들이는 것이 열린 자세이며 그렇게 열린 사람이 바로 '아기'라고 시인은 말한다. 소나기와 눈과 저녁놀은 숲과 산과 들녘에게 '엄마'이기 때문이다.

거대한 폭포를 올려다보는/쌀알만 한 사람들//눈 덮인 산등성이/개미처럼 줄지어 가는 사람들//밤하늘 무수한 별을 쳐다보는/마침표 만한 사람들//아주 멀리서 사진을 찍으면/모든 것들이 점점 작아지나 보다.

(최영재, 「아주 멀리서 찍은 사진」 전문)

움직이지 않는 순간 찰칵!/사진이 된다.//시간과 장소가 멈춘 순간은/모두 사진이 되었다.

(최영재, 「모두가 사진」 일부)

얼굴을 왼쪽으로 조금만 갸웃/고개 조금 숙이시고/살짝 웃으시면... 예 좋아요./어깨 힘 빼고... 좋습니다./아주 편한 마음으로//손님의 얼굴이/사진사의 얼굴과 똑같아지는 순간/두 사람 표정이 하나로 딱 포개질 때//찰칵!

(최영재, 「사진관에서」 전문)

　우리가 지금 이 순간 시각으로 느끼는 빛은 과거의 빛이다. 태양과 지구 사이의 거리는 1억 5000만km이다. 빛의 속도로 가면 8분 20초가량 걸린다. 결국 우리가 보고 있는 태양은 지금 이 순간의 태양이 아니라 8분

20초 전의 태양이다. 우리에게는 현재이지만 태양에게는 과거다. 거리는 시간과 연결된다. 거리가 멀어지면 시간이 길어진다. 지구보다 태양과 더 멀리 떨어진 곳에서는 더 오래 전의 태양을 볼 수 있다. 과거는 사라지지 않는다. 우주 전체를 대상으로 하면 그렇다는 뜻이다. 아주 멀리 있는 별에서 망원경으로 지구의 모습을 바라보는 누군가가 있다면 그가 보고 있는 것은 우리의 과거다. 빛은 우주 전체로 퍼져나가고 멀리 가면 갈수록 과거와 현재가 혼재된다는 뜻이다.

'아주 멀리서 사진을 찍으면/모든 것들이 점점 작아지나 보다.'라는 시인의 표현은 기억과 연결된다. 거리는 시간이다. 어떠한 사건이 발생했을 때, 나와 사건 사이의 거리는 시간과도 연결되어 시간이 멀어지면 공간도 멀게 느껴진다. 공간이 멀어지면 시간이 길어지는 것과 마찬가지다.

'움직이지 않는 순간 찰칵!/사진이 된다.//시간과 장소가 멈춘 순간은/모두 사진이 되었다.'가 이를 반영한다. 기억은 사진이다. 기억 속의 사건은 시간과 장소가 멈춘 순간이다. 기억이 사라지면 사건도 사라진다. 왜곡된 기억이라 할지라도 그 기억이 생성되면 시간과 장소도 새로 만들어진다.

'손님의 얼굴이/사진사의 얼굴과 똑같아지는 순간/두 사람 표정이 하나로 딱 포개질 때' 우리는 만난다. 태양에서 빛이 출발해 1억 5000만㎞를 날아와 내 눈과 포개질 때, 태양과 우리는 만난다. 눈 감고 있으면 만나지 못한다. 그 사이의 8분 20초라는 시간 차이는 중요하지 않다. 과거와 만나 똑같아지는 마술이 있기 때문이다.

최영재의 동시집 『피아노의 어금니』는 아기의 시간여행이다. 광활한 우주를 자유롭게 떠돌며 과거와 만나 하나가 된다. 차곡차곡 사진을 찍어 기억을 채운다. 나는 나의 몸이 아니라 나의 기억이기 때문이다. 나는 내 몸을 이루고 있는 세포들의 종합이 아니라 내가 기억하는 모든 것의 종합이라는 것을 알기 때문이다. 감각으로 기억의 공간을 넓혀 우주 끝까지 나아간다.

3.

살짝 웃을 뿐/말 없는 아이//단정히 서 있지만/걸을 수 없는//햇살 손 잡기보다/그늘이랑 놀다//해 눈총 총총 받고/쓰러지더니//눈물 가득 쏟아내고/가 버린 아이.

(하지혜, 「눈사람」 전문)

1단지/2단지/얼음 담 쌓고 사는 사람들//4층/5층/얼음 층계 쌓고 사는 사람들//먼 나라 남의 이야기엔/스마트폰 활짝/대문 열고 살면서//얼음 동네 사람들/"여기요! 여기요!"/다급한 소리엔/애써 문 잠그고 산다

(하지혜, 「얼음 동네」 전문)

막히면 사라진다. 연결되어야 살아난다. 감각은 생존의 필수조건이다. 무엇인가 문제가 생겼다면 아파야 한다. 최악의 경우는 병이 들었음에도 불구하고 아프지 않은 것이다. 고통을 느끼지 않는 병자는 고통을 느끼는 병자보다 더 나쁜 상태에 놓인다.

'눈사람'과 '얼음 동네' 사람들은 소통을 끊었기에 불행해졌다. 소통은 결합이고 엮임이다. 수소와 산소가 만나 물이 되는 것처럼, 세상의 모든 것들은 서로 다른 것이 소통하고 만나 결합했을 때 탄생된다. 홀로 존재하는 것은 형상을 갖추기 어렵다. 독립된 하나의 원자도 사실은 원자핵과 그 주변을 맴도는 전자로 구성되어 있지 않은가.

꼿꼿하던 머리가 고개 숙여요/멀었던 가슴이 가까이 와요/떨어져 있던 손이 서로 붙잡아요/몸이 곰처럼 둥글어져요//봄볕을 끌어안고/발톱 깎는 날.

(하지혜,「발이 쉬는 날」전문)

위층 세탁기가/나, 여기 있어/탈탈탈 말을 걸면//아래층 우리 세탁기가/말을 받아/달달달 얘기한다.//위층 아기 발소리가/나도 여기 있어/콩콩콩 말 걸어오면//아래층 내 귀가/알아차리고/쿵쿵쿵 대답한다.//소리끼리/벽을 허물며/서로 오간다.

(하지혜,「소리끼리 달달달」전문)

손톱만 한 조개가//섬진강 숨구멍을//열었다/닫았다.

(하지혜,「재첩 조개」전문)

    소통하기 위해서는 작아져야 한다. 둥글어져야 한다. 숙여야 한다. 붙잡아야 한다. '봄볕을 끌어안고/발톱 깎는 날'처럼 낮은 자세로 끌어안아야 한다고 시인은 말한다. 층간소음도 소음이 아니라 대화로 승화시킨다. 전쟁터의 군인은 바스락 소리에 놀라 총구를 겨누지만 외로운 사람은 낙엽이 뒹구는 소리에도 귀를 세운다. 떠났던 이가 다시 돌아오는 게 아닌가 하는 반가운 마음이 된다.

    손톱만 한 조개가 섬진강의 숨구멍을 여는 것처럼, 열린 마음이 나를 살린다. 열린 마음이 아픔을 느끼게 만들고 아픔을 느끼는 마음이 감각을 날카롭게 끌어올린다. 그렇게 열린 감각이 말을 하게 만들고 걷게 만들며 햇살과 손잡게 만들고 "여기요! 여기요!" 다급한 소리에 대문을 열게 만든다.

    마음을 열고 감각을 민감하게 만들어 느끼면, 태양보다 훨씬 멀리 떨어진 별을 바라보며 억만년 전에 누군가 남긴 흔적과도 만날 수 있다. 내 얼굴 표정과 똑같은, 표정이 하나로 딱 포개지는, 너를 만날 수 있다. 시간과 공간을 넘어 빛으로 만나는 여행과 만남이 가능해진다.

하지혜의 동시집 『소리끼리 달달달』은 몸을 둥글게 만들어 발톱을 깎는 나의 모습이다. 가슴을 끌어안고 둥그렇게 공처럼, 혹은 손톱만 한 조개처럼 작아져서, 거시세계에서 한발자국 떨어져 미시세계로 들어가 진정한 나를 발견하라는 아름다운 충고다.

그
사이에

정두리 동시집 『별에서 온 나무』
윤이현 동시집 『동시버스를 타고 가요』
김용웅 동시집 『손가락이 하는 말』
박봄심 동시집 『새야 기저귀 차렴』
진아난 동시집 『풍경소리가 땡그랑』
이재순 동시집 『나비 도서관』
박정식 동시집 『비디오 판독중』
문영순 동시조집 『애벌레 엉덩이 춤』
배정순 동시집 『강아지가 돌린 명함』
최영재 동시집 『누가 보나 안 보나』
이경덕 동시집 『딱따구리 집짓기』
정혜진 동시집 『바람 배달부』
김영기 동시조집 『꽃잎 밥상』
이오자 동시집 『까만 하트 오글오글』
변정원 동시집 『달님 도장』
신현득 동시집 『만세 100년에』
김종상 동시집 『다람쥐의 수화』
최영재 동시집 『마지막 가족 사진』
최영재 동시집 『우리 엄마』
이재순 동시집 『발을 잃어버린 신』(
한상순 동시집 『세상에서 제일 큰 키』
김미혜 동시집 『꼬리를 내게 줘』
신흥식 동시집 『서로가 꽃』
오순택 동시집 『풀꽃과 악기』
김동억 동시집 『그림말』
박태현 동시집 『내 몸에 들어온 딸꾹새』
고윤자 동시집 『배짱도 좋다』
장진화 동시집 『느낌표 물고기』
김성수 동시집 『초록빛 담장』
전병호 동시조집 『수평선 먼 섬으로 나비가 팔랑팔랑』

박선미 동시집 『먹구름도 환하게』
김성민 동시집 『고향에 계신 낙타께』
박혜선 동시집 『바람의 사춘기』
쪽배 동인 동시조집 『하늘빛 날갯짓으로 헤쳐나온 나달이여』
김영기 동시조집 『달팽이 우주통신』
최진 동시집 『빗방울의 말』
최영재 동시집 『고맙지, 고맙지』
전병호 동시집 『민들레 씨가 하는 말』
박방희 동시집 『달빵』
박해경 동시집 『우끼가 배꼽 빠질라』
이문석 동시집 『줄은 기러기 줄』
김선영 동시집 『토닥토닥 책 병원』
조하연 동시집 『올백 아닌 올빵』
김금래 동시집 『우주보다 큰 아이』
김완기 동시집 『들꽃 백화점』
박봉심 동시조집 『그래도 봄』
김마리아 동시집 『갯벌 운동장』
문삼석 동시집 『나는 솔잎』
박승우 동시집 『힘내라 달팽이』
박예자 동시집 『엉덩이를 하늘로 올리고』
김재수 동시집 『열무꽃』
정나래 동시집 『뭐라고 했길래』
문성란 동시집 『나비의 기도』
오순택 동시집 『달 도둑』
손동연 동시집 『날마다 생일』
최영재 동시집 『피아노의 어금니』
하지혜 동시집 『소리끼리 달달달』

동시가 있다